知的生きかた文庫

与える人には、幸運のギフトがやって来る

伊達一啓

JN108881

三笠書房

はじめに――「与える人」には、神様が倍返ししてくれる！

利己主義はよくも悪くもありません。

普通です。当たり前です。

自分の利益を求めるのは、何も人間に限りません。すべての生物が自己中心的で、快楽原則という魔物に突き動かされて日々行動しています。それが本能であり、そうしなければ生きていけないからです。

とは言え、利己主義も度を越えれば強欲、人でなしとなって、よからぬ事態を招くことにもなりかねません。充分な注意が必要です。

誰それ……とは言いませんが、世の中を見回してみると、その手の例は枚挙《まいきょ》に暇《いとま》がありません。

実は成功、幸福、富とは、奪うことによって、また他人を押しつぶすことによって得られるものではなく、その逆で、**与える（親切、優しさ、育てる）ことによって得**

られるものなのです。

私はこれまで数十年にわたって、ニューソート哲学（キリスト教を土台とした新しい考え方）、仏教、キリスト教等を学んできましたが、与えること、つまり愛や、希望や感謝、さらに信仰や利他の精神は、運を形成する上でとても重要なファクターだということを悟りました。

手前味噌になって恐縮ですが、そうした利他を実践するようになって以来、私は大きな安心感に包まれ、そこから人生が順調に運ぶようになりました。

もちろん、時代の波に翻弄《ほんろう》されて、今でも紆余曲折はたくさんありますが、その都度不思議な力に支えられて現在に至っています。

すべては先達《せんだつ》に倣《なら》って、生き方・考え方を変えたからです。

つまり奪うのをやめて、与えることに徹したからです。徹した……は若干オーバーですが、自分の利益ばかりを優先しないで、相手の利益も同じくらい重要視するスタンスを取ったということです。

ところで他人に親切にすると、あるいは善行を積むと、なぜいいことが起こるのでしょうか？　**物理的な観点（至近要因）と神秘的な観点（究極要因）**から説明できます。

まずは物理的な観点です。例えばあなたが知人のAさんに、何らかの恩恵を与えたとします。するとAさんは当然喜び、感謝するでしょう。そしてこう思うはずです。

「何かあったら恩返ししなければ……」

もっとも人は「恩に鈍感・恨みに敏感」という負の側面も持っていますので、すべての人がそうなるとは限りませんが、10人中8人くらいはそう考えるでしょう。となれば当然、あなたが困った時にはAさんは何らかの形であなたの役に立ってくれるはずです。簡単に言えば、これが至近要因（直接的、目先的な要因）です。

では、今度はもうひとつの神秘的な観点から考えてみましょう。

残念ながら神秘的なだけに、こちらは理屈では言い表せません。原因と結果の間に何のつながりもないからです。でも実は、こちらのほうがはるかに重要なのです。至近要因に比べて、返報率が桁外《けたはず》れに大きいからです。

同じようにあなたが、Bさんがピンチに陥《おちい》った際に、何らかの施しを与えたとします。でもBさんは恩に鈍感なタイプだったらしく、その後まったくリアクションがありません。あなたがピンチに陥った際にも、Bさんは無視しました。あなたは困り果てて知人友人にレスキューを求めましたが、どこもけんもほろろ。ところがある時、予想もしない方面からとんでもなく大きい吉報があなたに届きました。これによって急転直下、あなたはピンチから脱出することができたのです。めでたし、めでたし。

それにしても、どうしてこんな不思議なことが起きるのでしょうか？

今言いましたように、理屈では説明できません。でも私は究極要因が作用したお陰だと思っています。あなたが**「利他的で努力の人」**という前提はありますが、利他の精神は回数を重ねれば重ねるほど、人に喜ばれると同時に宇宙の心、換言すれば神の心にも刻み込まれていきます。

宇宙には利他の精神、善の精神などを受け取り、それを精査して現実世界に還元するという働きがありますので、こうした現象が起きるのです。

ニューソート哲学の第一人者ロバート・シュラー博士も同じように**「善を積んで神に感謝し、祈りを捧げ、積極的に動けば、必ず神は聞いてくださる！」**と言っています。聖書にもこう書いてあります（山上の説教）。

「憐れみ深い人々は幸いである。彼らは憐れみを受けるからである」
「心の清い人々は幸いである、彼らは神を見るからである」

意訳（現代的な解釈）すると以下のようになります。

「利他心のある人はのちに大きな恩恵を受ける」「心が純粋な人は世の中の真実に出会う」

いかがでしょうか。

まさにこれが究極要因であり、仏教的に言えば**「因果応報」**であり、また明治の大小説家・幸田露伴《こうだろはん》の言う**「分福＝天の貯金」**です。

天の貯金は、銀行の金利と違って、数百倍にものぼるのです。銀行にコツコツ積み立てていくように、誰が見ていなくてもコツコツ善や利他を積み立てていくことで、それが実現するのです。

ですので、親切や善、利他を実践して何の反応もなかったとしても、心配には及びません。今も言いましたように、**利他を積み上げていけば、いずれ神様が倍返ししてくれる**からです。金融の世界で言えば「複利になって返ってくる」ということでしょうか。

これが**「幸運転送」**のメカニズムです。つまり、施しを行って本人から直接返ってこなくても、それが回りまわって予期せぬところから転送されてくるということです。私はこれを神様からの贈り物ということで、**「幸運のギフト」**と呼んでいます。

当然これは悪事に対しても同じ原理が働きます。

いわゆる「不運のギフト」です。私も以前はそうでしたが、ほとんどの人はこうした宇宙の原理が理解できていません。ゆえに無意識に、時に意識的に利己主義に徹して、結局破滅の迷路に追い込まれてしまうのです。

こうした愚を防ぐには、やはり**利己主義から利他主義への転換**が必要だと私は考えます。

ただし、ひと口に利他主義と言っても、自分を犠牲にしてまで他人に尽くすことではありません。また単純に善に励めばいいというものでもありません。ここは誤解のないようにお願いします。これについては複雑ですので、本文で詳述することにします。

本文では利他主義の効用や幸運転送＝「幸運のギフト」について、さらに詳しく解説していこうと思っています。

さあ、能書きはこれくらいにして、さっそく本文に入っていくことにしましょう。ぜひ参考にして人生をより豊かにするのに役立ててください。

本書が読者諸兄の人生向上のための一助、百助となれば、著者としてこれに勝る喜びはありません。

みなさまの幸運を祈ります。

伊達《だて》一啓《いっけい》

第1章　「与える人」には、「いいこと」がやって来る

第2章

最後にものを言うのは、「実力」よりも「人の和」

第3章　あなたの善行を、宇宙は見逃さない

第4章
「与える人」に変わる、利他・親切のちょっとした習慣

第5章 人間関係をよくする8つのルール

第6章

「幸運のギフト」が近づいて来る9つのルール

本文ＤＴＰ／株式会社Ｓｕｎ Ｆｕｅｒｚａ
校正／株式会社円水社

第1章

「与える人」には、「いいこと」がやって来る

「恩返し」の原点——鶴と老夫婦の昔話

昔話「鶴の恩返し」は有名ですから、もちろんご存じだと思います。
これから話を展開させるために重要ですので、あえて概略を記しておきます。

ある雪深い村のひとりの老人が、町に薪《たきぎ》を売りに行った。
途中、老人は猟師の罠《わな》にかかってもがいている鶴を発見した。
可哀想に思った老人は、罠を外して鶴を助けてやった。
その夜、若く美しいひとりの娘が老人の家を訪れてこう言った。
「雪で難儀しています。一晩泊めていただけないでしょうか?」
老夫婦は喜んで娘を迎え入れた。
雪はさらに激しさを増し、やむなく娘はその後も泊まり続けた。
ある時娘が言った。

「布を織るので糸を買ってきてもらえないでしょうか」

老人が糸を買ってくると、娘は「絶対に中を覗《のぞ》かないでくださいね」と言って隣の部屋にこもった。数日後、娘は美しい布を手にして出てきた。そしてこう言った。

「これを売って、また糸を買ってきてください」

老人は言われるままに、大量の糸を買ってきて娘に渡した。見たこともないような立派な布がたくさん出来上がった。その布は町で評判になり、高く売れた。それも飛ぶように売れた。こうして老夫婦は大金持ちになったのだった。


この後、老夫婦は好奇心からついに中を覗いてしまい、娘に去られてしまうのですが、これがこの物語のあらましです。

もうお分かりのように、娘は鶴の化身です。助けられた恩を、鶴はこうした形で老夫婦に返したのです。


これと同じことが人間社会でも起こります。

次にその恰好の例を紹介してみましょう。

人と人との間には「返報性のルール」が働く

Aさんは小さな町工場の社長さんです。

ある日、海の埠頭《ふとう》で釣りをしていました。その日は面白いように魚が釣れました。ところが同じ場所なのに、隣で釣っていたおじいさんはさっぱり釣れません。見かねたAさんは、帰り際にこう言っておじいさんに釣った魚の半分を分けてやりました。

「今日は調子が悪かったようですね。よかったら持って行ってください」

おじいさんは喜んで帰っていきましたが、その際「気にしなくていいですから……」というAさんを押し切って、強引にAさんの連絡先を聞きだしました。

数日後、おじいさんからAさんに連絡が入ります。どうしても会いたいから自宅に来てくれと言うのです。Aさんは指定された日におじいさん宅に向かいました。おじいさん宅に到着したところで、Aさんは腰を抜かすほど驚きました。おじいさん宅が目を見張るほどの大豪邸だったからです。Aさんが震える手でチャイムを押すと、インターホンで中に入ってくるように言われました。入ると件《くだん》のおじいさんが立っていて「やぁ、よく来てくれましたね」と言って歓迎してくれました。

応接間に入って話をしているうちに、再びAさんは驚く羽目になります。

なんとおじいさんは、有名企業の会長さんだったと言うではありませんか。

さらに幸運なことに、おじいさんの会社が、たまたまAさんの会社と関連する業種だったため、取引が始まり、その後Aさんの会社は大きく飛躍していったと言います。

この話は、（株）ドリームインキュベータ元代表取締役会長の堀紘一氏が、テレビのワイドショー的な番組で話されていたものを、私なりに要約したものです。

ここから重大な教訓を学び取ることができます。

それは**他人に親切にすると、いずれその親切が自分に返ってくる**ということです。

もっとも、これほどの大きな幸運はそれほど多くはないと思いますが、小さいモノなら結構頻繁《ひんぱん》に起きます。この場合は、親切を施した本人から直接返ってきたケースですが、まったく予想外の方面から返ってくることも結構あります。

それについては後ほど述べますが、今のケースはアメリカの心理学者、ロバート・

B・チャルディーニ博士が提唱した**「返報性のルール」**で説明できます。

要するに人は相手から何らかの施しを与えられると、いつか返さなければ……、という想いが突き上げてくるのです。単純ですが、Aさんが受けた幸運はその結果です。ここで、「返報性のルール」について、もう少し詳しく解説しておきます。

まずは博士の言葉に耳を傾けてみてください。

「……ある女性が私たちに親切にしてくれたなら、お返しに何らかの親切をしなくてはなりません（中略）。ある夫婦が私たちをパーティーに招待してくれたら、自分たちがパーティーを企画した時には、お返しに彼らを招待してあげる必要があります。要するに、この返報性のルールがあるために、親切や贈り物、招待などを受けると、そうした恩恵を与えてくれた人たちに対してお返しをせずにいられない気持ちになるのです……」（『影響力の武器』誠信書房）

メキシコからの恩を忘れなかったエチオピア

返報性のルールが働くのは、律儀な日本人だけなのでは……？　と思うかもしれませんが、そうではありません。**このルールは普遍的なもので、世界中の人間に働きます。**

続いて、チャルディーニ博士の驚くべきエピソードを要約して紹介してみましょう。

1985年、エチオピアは干ばつによって食糧危機に陥り、さらに内戦によって大打撃を受けて瀕死《ひんし》の状態だったと言います。

もちろんそれによって国の経済も破綻《はたん》しました。そんな中、メキシコから5000ドルの救済金が送られてきた……というのなら、豊かな国が被災国に救済金を送ったという、まぁ言ってみればよくある話です。驚くにはあたりません。

ところがそうではなかったのです。逆だったのです。

国の経済が破綻した上に干ばつで食糧危機に陥っているさ中に、なんとエチオピアは5000ドルの資金をメキシコに援助したというのです。

これはどう考えてもおかしな話です。瀕死の状況にある国がたとえ5000ドルとはいえ他国に支援金を提供するなど、とうていありえない話です。何かその裏に秘密があるのでは……？　そう考えたチャルディーニ博士は、さっそく調査してみました。その結果、やはりその裏に返報性のルールが介在していたことが分かりました。

実はエチオピアは、1935年にイタリアから侵攻されたことがあり、その時にメキシコから資金援助を受けていたのです。つまり、**エチオピアは50年前のお返しに、**

自国の危機を顧《かえり》みず、大地震の被害に苦しむメキシコに5000ドルの救済金を送る決定を下したというのです。

この驚くべき調査結果に、チャルディーニ博士は畏敬《いけい》の念を抱きながらも、次のように述べています。

「お返しをしなければという気持ちは、大きな文化の違い、遠く隔たった距離、そして急迫した飢饉や目先の自己利益を超越するものだったのです。単純な話、半世紀も経った時に、この義務感があらゆる対抗勢力に勝利したと言うことができるでしょう」（同書）

いかがでしょうか。半世紀を過ぎても、返報性のルールが生きていたというのですから、驚きです。ところで返報性の原理は基本的に恩を施した相手から直接返ってくるわけですが、**思いもよらぬ方向から返ってくる**こともあります。

これを**「幸運転送」**＝**「幸運のギフト」**と私は呼んでいます。さらに明治の大小説家・幸田露伴先生は、**「分福」**と呼んでいます。これらについて詳しくは後ほど解説しますが、次に身近な返報性のルールの具体例を紹介してみましょう。

「不運のギフト」を引き寄せたタクシードライバー

最近のタクシードライバーは、教育が行き届いているせいか、親切な人が多くなってきましたが、30年ほど前のタクシードライバーは無愛想な人が多くて、乗るたびに不快な思いをさせられたものです。

親切なタクシードライバーと無愛想なタクシードライバーとでは、幸・不幸の観点から、どんな差が出てくるのでしょうか。ここでシミュレーションしてみましょう。

仮にあなたが、新宿に行くためにタクシーに乗ったとします。

あなたはまずドライバーに行先を告げます。

「新宿までお願いします」

ところがドライバーは「はい、分かりました」の返事もなく、いきなり車を発車させました。こんな時あなたは、内心こう思うに違いありません。

「なんて無愛想な運転手だ。こちらは客なんだから、『はい、分かりました』のひと言くらいあってもいいだろう」

気分の悪い時はよくないことが続くもので、しばらくしたところで今度は渋滞に巻き込まれてしまいました。

「なんだ、渋滞かよ。今日はツイてないよなぁ……」

と思いながらもジッと我慢していたものの、なかなか解消されない渋滞に、次第にあなたは苛立《いらだ》ちはじめます。

たまらず、あなたはドライバーに言います。

「運転手さん、なんか相当混んでいるみたいですね。急いでいるんですよ。他に迂回《うかい》路はないんですかね」

比較的穏やかに言ったつもりだったのですが、なぜかドライバーは押し黙ったままで、ウンともスンとも言いません。

あなたはカチンときて、ふたたびドライバーに言います。今度は口調が少しきつめでした。

「ちょっと運転手さん、聞こえてるんですか。迂回路はないかと聞いているんですけど」

するとドライバーは、バックミラー越しにあなたを睨《にら》みつけて言います。

「そんなもんあったら、とっくに迂回してますよ。もう少し落ち着いて乗ってたらどうなんですか。渋滞してるんだから、どうしようもないでしょう。ったく」

けんもほろろです。あなたはついにキレて運転手を怒鳴ってしまいます。

「な、なんだと、もういっぺん言ってみろ！　それが客に言う言葉か」

運転手も負けていません。さらに辛辣《しんらつ》な言葉をあなたに投げかけました。

「ああ、何度でも言ってやる。渋滞してるんだから、どうしようもないって言ってるんだよ。文句があるならここから歩いていったらどうなんだい。このセッカチ野郎」

「セ、セッカチ野郎だと！　よくも言いやがったな。よし、停めろ。こんな車乗ってやるもんか！　こっちから願い下げだ」

そう言って降りた直後に、あなたはスマホを取り出して、とある番号をプッシュしました。かけた先は言うまでもなく、今の傍若無人《ぼうじゃくぶじん》な運転手の所属するタクシー会社です。

「お前のところは、社員にいったいどういう教育をしてるんだ！　○○とかいう運転手、あんな無礼なヤツは初めてだ。客をつかまえてセッカチだの、トンマだの、アホだのって（尾ひれがついていています）……。不愉快極まりない。もうお前のところのタクシーは二度と使わんからな。そう思え！」

実はあなたは、気持ちよく対応してくれる運転手にはいつも何がしかのチップを渡していたのですが、この運転手に限ってはそんな気持ちはまったく起こりませんでした。

結局この運転手は、無愛想で客に不快感を与えたために、もらえるはずのチップを逃したばかりか、会社に苦情を持ち込まれて立場まで悪くしてしまったのです。いわば**「不運のギフト」を引いてしまった**のです。

「幸運のギフト」をゲットしたタクシードライバー

ではここで、もう一度あなたにタクシーに乗っていただきましょう。

今度はすこぶる親切なドライバーの場合です。

タクシーに乗って、あなたはまずドライバーに行先を告げます。

「新宿までお願いします」

するとドライバーは、あなたのほうを見て丁寧に言いました。

「はい、新宿ですね。かしこまりました。ご乗車ありがとうございます」

そのとたんあなたは、「ああ、親切そうな運転手でよかった」とホッとしました。

途中、運転手が話しかけてきました。

「野球中継でもかけましょうか。それともこのまま音楽放送でよろしいですか?」

あなたは「そんなことまで気遣ってくれるのか」とチョッピリ嬉《うれ》しく思いつつ、そのままでいいと運転手に伝えました。

10分ほど乗ったところで、やはり渋滞に巻き込まれました。すると即座に運転手が言いました。

「ちょっと渋滞してますねぇ。このままだと15分くらい余計にかかってしまうかもしれません。迂回路がないこともないのですが、迂回したところで到着時刻はそんなに変わらないと思います。いかがいたしましょうか？」

「仕方ないですね。時間に変わりがなければ、このまま行きましょう」

本当は急いでいたのでイライラするところでしたが、運転手の対応が親切だったため、最後までリラックスして乗っていられました。

やがて新宿に到着。料金は２５００円。あなたは３０００円出して「つりは取っておいてください」と言って車から降りました。そしてその夜、あなたは件のタクシー会社に電話をして、昼間の運転手を名指しでほめたのでした。

「お宅の○○さんという運転手さん、本当に親切で……」

結局この運転手は、先ほどの運転手とは正反対に、あなたからチップをもらった上に会社の上司からもほめられ、大きな信頼を得たのでした。いわば**「幸運のギフト」を引き寄せた**のです。

自己犠牲や負担を感じる親切は控えよう

いかがでしょうか。このように、**人は少しの親切で感動し、少しの冷淡、無愛想に腹を立てる**のです。だとしたら冷淡、無愛想を前面に出すよりも、親切、優しさを武器にしたほうが得策だと思います。

ところが世の中は十人十色で、「人生は冷淡、無愛想で通したほうが気楽に生きられる」と主張する人も中にはいます。

根底にあるのは、無愛想なほうが人間関係の煩《わずら》わしさに巻き込まれないで済む、あるいは強い自分を保てるという考え方です。

確かに一理あって、無愛想なほうが都合がよいことも、しばしばあります。人間嫌いな人には、きっと打ってつけでしょう。

というのも、無愛想なほうが、社会に同調して生きていかなくて済むからです。ろくに挨拶もしない、メールには返信しない（しても1週間くらいかかる）、集まりには一切出ない、あるいは嫌々出る。人のご機嫌をとらない、笑顔がない、頼み事は一切受け付けない、などです。

結局「われ関せず」ということなのでしょうが、はっきり言ってこれでは社会人として失格です。

これほど極端でなくても、世の中にはこのような無愛想系の人は結構います。私もどちらかというと、若い頃はそんな傾向がありました。

しかし先達から学んで方向転換した結果、概《おおむ》ね人生が順調に運ぶようになりました。とてつもなく大きな恩恵を受けたこともあります。

これに対して傲慢《ごうまん》、無愛想なままで生きていくと、確かに気楽ではありますが、結局どこかで行き詰まることになります。それはそうでしょう。

無愛想＝基本的に「人に嫌われる」ですから、周囲から何の協力も得られなくなって、孤立する確率が高まります。人はひとりで生きているわけではなく、社会は助け合いで成り立っていますから、自己中心的な生き方が、いつまでもうまくいくわけがありません。

無愛想がうまくいくとしたら、並外れて才能・実力がある人、大富豪、あるいは権力者くらいのものでしょう。社会的に力もない人が突っ張って生きていたら、人生は必ず暗転します。先ほど紹介した「不幸のギフト」を引き寄せたタクシードライバーがその好例です。

ただ一方で、**意味のない親切、むやみな親切はなるべく避けたほうがいいでしょう。過度な親切、過度な施しは、相手に依存心を持たせてしまうからです。また自己犠牲を伴うような親切も、あまり感心できません。**

自己犠牲を課すと、どうしても過度の見返りを期待してしまうからです。

快楽原則から言って、見返りを期待するのはある程度仕方のないことですが、あまりそれが強いと、思うようなリアクションがなかった場合、大きなショックを受けてしまいます。

また一方的な自己犠牲は、共存共栄の原理にも反しますから、これも注意が必要です。時と場合にもよりますが、**親切はあくまでもマイペースでやるべきですし、負担のかからない範囲で行うのがベスト**でしょう。そのほうが何より長続きします。

敬虔な聖人は、なぜ神に悪態をついたのか？

過度の期待が外れた時、人はショックを受けると述べましたが、その恰好な例を紹介してみましょう。

エリザベス・キューブラー・ロス博士は、アメリカ合衆国の優秀な精神科医です。『死ぬ瞬間』という著書が世界的ベストセラーとなりました。

博士は「死の受容のプロセス」を提唱して、各界から絶賛されています。残念ながら2004年に78歳で亡くなられましたが、自他ともに認める敬虔《けいけん》なクリスチャンでした。イエス・キリストを心底信じていたのです。

イエスを信じ、困った人たち（死にゆく人々）に手を差し伸べれば、必ず天国へ行ける！　と固く信じていたのでしょう。

マザー・テレサさながら、キューブラー博士は私費を投じて死にゆく患者のための施設をつくり、精力的に活動しました。文字通り彼女は、**死にゆく患者たちのために**

「親切の限り」を尽くしたのです。

ところがある年、博士は脳梗塞《のうこうそく》にかかって、左半身麻痺《まひ》になってしまいました。その時の彼女の胸の内は、いかばかりだったでしょうか？

彼女は敬虔なクリスチャンですし、「死の受容のプロセス」を提唱した研究者ですので、きっと現実を受け入れて穏やかに闘病したことだろう……と思ったのですが、実際は逆でした。

なんと彼女は、敬虔なクリスチャンだったにもかかわらず、神やキリストに悪態をついたのです。

実はこの時の模様が、「最後のレッスン」と題して、ＮＨＫのドキュメンタリー番組で放送されています。

ベッドの上に座って、彼女ははっきりこう言いました。

「自分なんて大嫌いだ」「神はヒトラーだ！」「キリストも同じだ！」

「愛だって？　そんなものクソ食らえだ！」「愛なんて吐き気がする」

私が番組を見た時からかなり時間が経っていますから、一字一句正確ではありませんが、概ね本筋からは外れていないと思います。とにかく発言が過激でしたから、今でも強い印象が残っています。

見返りは期待せず、淡々とやるべき

さて、なぜ彼女はこれほど怒りを爆発させてしまったのでしょうか？

ズバリ期待を裏切られたからです。

彼女は普段、こう思っていたはずです。

「キリストの教えに従ってここまで頑張っているのだから、自分は神様に守られるに違いない。そして死後は天国に入れるに違いない……」

ところが、守られませんでした。

それどころか、脳梗塞にかかって体の自由を奪われてしまいました。

「私費を投じてまで頑張ったのに、いったい何なのこれは！　あまりにも理不尽《りふじん》だわ！」

確かにそうですね。思っていたこととは裏腹の出来事が起きてしまったのですから、彼女が嘆くのも無理はありません。

でも、彼女は研究者であると同時に、聖人に近い人だったわけですから、ここは感情を抑えるべきだったのではないでしょうか。辛《つら》いとは思いますが、素直に運命を受容すべきでした。

そして、神に感謝して闘病すべきでした。

そうすれば、もしかして「幸運のギフト」が届いて、病状は回復の方向に向かったかもしれません。

私が言いたいのは、このケースでも分かる通り、過度の期待は禁物だということです。**他人に親切を施す時は、過度の見返りを期待しないで、淡々とやるべき**です。

たとえ施した本人から見返りがなくても、幸運転送によって、思わぬ方向から「幸運のギフト」が届く可能性があるからです。その時のほうが、返報率は桁外れに高いのです。

この大切なことを忘れないでください。

親切をばらまくと、思わぬ「救いの手」が現れる

家族の絆《きずな》がしっかりできている場合、その家族はとてもラッキーだと思います。何か困ったことがあっても、あるいは事件に巻き込まれても、**家族での協力体制が整っていますから、ひとりで解決するよりもはるかにスムーズに、**解決に向かうからです。

これはサークルでもクラブでも、カウンセリングでも同じです。事案が発生した場合、ひとりで悩んでいてもなかなか解決策は見つかりません。

しかしあなたが何らかの同好会に入っていれば、そこで相談することができます。カウンセラーでも構いません。「三人寄れば文殊《もんじゅ》の知恵」と言いますが、やはり困った時はたくさんの頭脳を借りたほうが、合理的です。

もう20年も前のことになりますが、私の妻が「子宮筋腫」で苦しんだことがあります。出血多量が続き、命の危険にさらされていました。当時は完治させるには手術で子宮を取るしかありませんでした。ちなみにガイドラインに沿った「ホルモン療法」

を続けてみましたが、何の効果もありませんでした。それどころか、却《かえ》って悪化させて、大量の出血を招いてしまいました。

しかし妻は、手術だけは絶対に避けたいと言います。ヘモグロビンの値が、女性は12～16g/dlが正常ですが、妻の場合は極端に低く、4くらいしかありませんでした。これではハードな手術に耐えることはできません。

貯血した血液を使って手術に臨むという方法もありましたが、やはり出血続きで体力もなく、手術は相当なリスクがありました。

そこで、**私は「友達づくり」に励むことにしました。**

知人友人の伝手《つて》を頼って、他の看護師や医師に相談したのです。でも、彼らの口から出てきた言葉は同じでした。「あとは手術するしかないですね」

「やっぱり……」とは思うものの、妻も私も納得できませんでした。

さらに子宮筋腫関連の本を買って読み漁《あさ》りましたが、同じことしか書いてありません。それでも諦められない私は、その本の巻末に掲載されていた専門病院の連絡先に、ダメもとで片っ端から電話をかけてみました。

すると幸運にも、その中の一件がヒットしました。いや、大ヒットしたと言ってもいいでしょう。そこは病院ではなく、東京都の医療相談所的な施設でしたが、そこの職員の方がこう言ったのです。

「子宮動脈塞栓《そくせん》療法って、知っていますか？」

私が知るわけもありません。詳しく聞くと、どうやら子宮動脈の血流をカテーテルを用いて塞《ふさ》ぎ、腫瘍《しゅよう》への栄養供給を止める療法というものでした。日本にこの療法が用いられるようになったのは１９９８年頃で、ほとんど普及していませんでした。おまけに当時は自由診療でしたから、なおさらです。

当時（２００２年）、日本ではまだ4件程度の病院しかその療法は実施されていませんでした。そのひとつ、関西の病院に電話を入れて、「ヘモグロビンの値が4なのですが、それでも塞栓療法は可能でしょうか？」と尋ねると、医師がすぐに電話口に出て対応してくれました。

「療法自体が出血を伴わないので、私なら4でもやります！」

確信に満ちた言葉でした。これを聞いて安心して、すぐさま都内の慈恵医大病院を訪れました。予約して一カ月後くらいに、治療を受けました。おそらく3泊4日だったと思いますが、その結果手術直後から出血が止まり、何と退院時には完治していたのです。寛解《かんかい》ではなく完治です。

これには私も驚きました。治療費は自由診療なので（今は保険診療になっているようです）60万円以上かかりましたが、この療法に出会えたおかげで、20年近く苦しんだ子宮筋腫がパッと消えてしまい、妻は再び健康を取り戻したのでした。

親切をばらまくと「救いの手」がやって来る

これは単なる幸運だったのでしょうか？

もちろん、幸運には違いありません。

でも私は、ただ黙って幸運を享受したわけではありません。

今もお話ししたように、あちこちに電話をかけたり、看護師さんやお医者さんに相談したりして、**多方面に親切をばらまいた**からです。

ここで言う「親切」とは、「家内の病を治してやりたい！」という私の思いやりであり、同時に多方面（ここでは医療機関）への働きかけ＝「友達づくり」です。これによって問題解決の大きな糸口を見つけることができ、結果**20年来の持病が完治するという奇跡**を起こすことができたのです。

「親切をばらまく……」などと言うと、ちょっとピンとこないかもしれませんが、**難問に突き当たったら、とにかく私のように多方面に声がけしてみる**ことです。

少し強引に感じるかもしれませんが、**声がけ（友達づくり）は一種の親切であると**私は考えています。ここから人脈が派生して、いい結果を生むことはよくあることなのです。

このトピックの最初に、家族の絆――協力体制が整っている人はラッキーだと言いましたが、まさにそれが功を奏したわけです。

でも、そうした協力体制が必ずしも整っていなくても大丈夫です。

もちろん整っているほうが断然有利ですが、整っていない場合は、私のように友達づくりに励んでください。大いに励んでください。それによって徐々に友達ができてきて、そこから直接的に、もしくは間接的に**「救いの手」が差し伸べられる**からです。

実は親切の実行とは、**「社会全体に仲間をつくっていく」**ということでもあるのです。

そこから助け合いの精神が生まれて、お互いに**「幸運のギフト」を享受する**ことができるのです。

利他のネットワークがピンチの時に威力を発揮する

植物の研究者で甲南大学特別客員教授の田中修先生が、「助け合い」について次のように述べています。

「苦しい時は仲間と一緒につながれば、どんな壁も越えられる」（『植物のかしこい生き方』SB新書）

タケやササの地面の下には、地下茎《ちかけい》と呼ばれる茎が張り巡らされていて、多くのタケやササがつながっていると言います。例えばタケノコは、地下茎を通して、家族が栄養を送ってくれるので、その栄養でしっかり育つのです。

地下茎でつながる植物はこの他にもたくさんあって、それらは**地上では単独に存在しているように見えて、実は地下ではしっかりつながっており、家族全体で育っている**のだと言います。

注目すべきはヒルガオです。ヒルガオはなぜか雑草のような扱いを受けているため、地上に出ている部分はよく刈り取られてしまいます。

ところが何日も過ぎると、その近辺に再び芽が出てきます。その理由は土の中に地下茎があるからです。地上部では別々に見える株が地下で強く結びついているからだと田中先生は言います。そんな背景から、ヒルガオの花言葉は「絆」とされています。

ここで田中先生の言葉に耳を傾けてみましょう。

「このつながり（著者注：地下茎）のおかげで植物たちは、根絶されることなく生きつづけられることを知っています（中略）。私たち人間も、ひとりでは生きていけません。何かを食べることを考えても『つくる人』『運ぶ人』『売る人』などのつながりがあります。（中略）私たちの暮らしの中にも、多くのつながりの中に『助け合う』という気持ちでつながる絆があります。

この絆が地域、組織、社会に広く張りめぐらされ、太く強いものになって機能すれば、私たちの世界も、より心豊かに暮らせる社会になるのかもしれません」（前掲書より）

いかがでしょうか。

このように絆、いわば**「友達の輪」**があれば、どんなピンチに遭遇しても、お互いの助け合いで生きていけるのです。

そのためにも友達づくりに励むことが大切です。

具体的には、とにかく**マイペースでいいですから、また規模は小さくても構いませんから、親切、気くばりや利他を実践していくこと**です。それによって友達の輪が広がり、同時に絆もできていくのです。


ちなみに「親切」と次章で述べる「気くばり」、あるいは「利他の精神」は互いに絡み合っていて別個に存在するものではありません。

そのため、親切は気くばりにも利他の精神にも通じるところがあることを念のためお伝えしておきます。

流行るコンビニは親切に満ちている

最近、私はあることに気づきました。

それは流行《はや》るコンビニには、親切な店員さんが多いということです。

どんな親切でしょうか？

まず、**店員さんが笑顔にあふれています。**

「えっ？　そんなこと？」なんて言ってはいけません。客商売において、笑顔は特に重要なファクターです。笑顔のないブスッとした店員さんに出会うと、なんとなく嫌な気分になりませんか？　もちろん四六時中笑顔を振りまく必要はありませんが、せめて何か問い合わせた時くらいは、笑顔で応えてもらいたいものです。

また、笑顔のある店員さんは、態度も言葉もとても丁寧です。

「いらっしゃいませ！」「ありがとうございました！」はもちろんですが、何を聞いてもハキハキと対応してくれます。

「かしこまりました。その商品なら右奥の真ん中の棚にございます」

これは何もコンビニに限ったことではありません。スーパーでもデパートでも、ブティックでも、レストランでもみな同じです。

親切で丁寧な店員さんに出会うと、なんとなく嬉しくなって、「次もこの人から買いたい！」そんな気持ちにさせられます。そんなわけで、笑顔のある店員さんは、まさに「お店・会社の宝」と言っていいでしょう。

きっと親切の積み上げで、こうした人たちは、今後間違いなく多くの友達ができていくことでしょう。いや、すでに友達であふれていて、地下茎でしっかりつながっているかもしれませんね。

笑顔といえばＣＡ（客室乗務員）さんはその典型です。

私は飛行機は苦手なほうですが、搭乗して着席した後、ＣＡさんの笑顔に出会うと、たちまち不安は吹っ飛んでしまいます。たちまちはちょっとオーバーかもしれませんが、ある程度不安が消えることは確かです。

このように、ビジネスに限らず、どんな場面でも**笑顔、スマイルは欠かせない重要なファクター**なのです。

笑顔としかめっ面では天国と地獄

著書『人を動かす』『道は開ける』で有名なデール・カーネギーもスマイルについてこう述べています。

「笑顔は1ドルの元手もいらない。でも、100万ドルの価値を生み出す」

まさにその通りですね。ゆえに笑顔の多いお店は繁盛する、という図式がここに成り立つわけです。

「笑う門《かど》には福来《きた》る」とも言いますが、笑顔はまるで魔法のようです。

ところで、笑顔の反対は「しかめっ面《つら》」ですが、逆にしかめっ面は不幸を呼び込む要因にもなりかねません。しかめっ面どころか、目を吊り上げて店員さんを怒鳴りつける陰湿な人も時々いますが、この手の輩《やから》は最悪です。クレーマーか、うっぷん晴らしだと思いますが、いずれにせよ「幸運のギフト」とは縁遠い存在です。

先日も近くのスーパーで、レジ打ちの店員さんに「なんだ！　広告の値段と違うじゃないか、どうなってるんだ！」

と怒鳴っていた高齢男性がいましたが（最近の高齢者は怒りっぽい人が多い気がします）、見ていて腹が立ちました。というよりも、憐れに感じました。本物のクレーマーではないようでしたので、おそらくうっぷん晴らしだとは思いますが、これは絶対にやってはいけない行為です。

　この手の人は、家族や世間からつまはじきにされているのかもしれません。つまり、溜まった日頃のうっぷんを、何の関係もない人にぶつけて晴らしているわけです。


　笑顔が親切なら、しかめっ面（特に怒鳴る）は攻撃に当たりますから、人は絶対に近づいてきません。よほどの事情がない限り、こうした見苦しい行為はすぐにやめるべきです。たとえ深い事情があったとしても、怒鳴るのではなく、冷静に論理的に解決すべきです。

　これができないために、人は他者とのトラブル、究極を言えば「戦争」にまで突入してしまうのです。

「親を切る」に込められた深い意味

親切は、「親を切る」と書きます。何とも物騒な話ですね。

私たち日本人には、とうてい受け入れ難い理不尽な言葉です。でも親を切ることが、場合によっては親切になる場合もあるというのですから驚きです。

例えば「姥捨《うばす》て」です。昔、口減らしのために、老親は山に遺棄《いき》する、というとても野蛮な風習がありました。その目安は60歳でした。

映画『楢山節考《ならやまぶしこう》』では、江戸時代を想定していたようですが、どうやら始まりは平安時代あたりからだったようです。平安時代からずっと、江戸時代あたりまで、姥捨ての風習は続いていたものと思われます。

当時の60歳は現代に換算すると100歳に相当します。となれば、多くの人が寝たきりの状態であったように思われます。

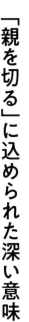

目は白内障で見えにくかったでしょうし、筋肉も衰えて足腰もガタガタで歩けない人が多かったはずです。当然、働くこともできません。

加えて昔は万年食糧不足でしたから、勢い、口減らしする必要があったのです。そこで親子で話し合って60歳になったら、親を山へ連れていく、という結論に達したのでしょう。何とも残酷な話ですね。

「姥捨てはフィクションだ！」と主張する人もいるようですが、当時はほとんどが貧窮していましたから、高い確率で姥捨てはあったように思われます。

山へ遺棄するどころか、老親を生きたまま棺桶《かんおけ》に入れて、そのまま崖から突き落とす、そんな恐ろしいケースもあったようです。現代に生きる私たちからすれば、残酷極まりない話で、許し難い行為ですが、極端な食糧危機の中ではもしかしたら、仕方がなかったのかもしれません。

ところで姥捨ては、決して子供たちが独断でやったわけではありません。信じられないかもしれませんが、実は親自身も姥捨てを望む人が結構多かったのです。というのも、当時60歳（現代なら１００歳）にもなると、体はガタガタ、ほぼ寝たきりになるわけですから、老親が**「早くご先祖様の所へ逝《い》きたい！」**と思うのは、ごく自然な感覚だったと思います。

わが子に負担をかけたくない！

それは現代でも同じです。今のお年寄りは「ピンピンコロリ」が理想で「子供たちには絶対に迷惑はかけたくない！」と口を揃《そろ》えて言います。

長生きして要介護状態になれば、息子、娘に相当な負担がかかるからです。それが親としてはものすごく辛いのです。

とはいえ、親に介護が必要となれば、子供たちは親を放っておくわけにもいきません。離職までして親の介護にあたることになります。

実際、総務省の調査によれば、年間10万以上の人が離職して親の介護にあたっていると言います。1年間程度は何とか乗り切れますが、1年を過ぎるとだんだん子供たちの脳裏にこんな考えが浮かんできます。

「なぜ自分はこんなことで苦しまなければならないのか！　このままでは自分の人生はダメになってしまう」

個人差はありますが、多かれ少なかれこのように思う息子、娘は多いようです。その果てが、介護殺人につながる……、と宗教学者で文筆家の島田裕巳《ひろみ》先生は言います。

先生は、「楢山節考」は現代にもあるとし、こんな例を紹介しています。

2015年、利根川で老夫婦2人の遺体が発見され、遺体のそばには47歳になる三女がうなだれて座り込んでいました。なんでも母親は認知症で、父親は神経の病気で苦しんでいたそうです。

三女は殺人と自殺ほう助の疑いで逮捕されましたが、働けなくなった父親から一家心中を持ちかけられたようです。三女は事件の5年前までは働いていましたが、母親が10年前にくも膜下出血で倒れ、最近は認知症も進行してきたため、離職して介護に没頭していました。

ところが長年の介護で疲弊《ひへい》し、貯金も年金もなくなったところへ「もう死のう。一家心中するしかない！」と父親から持ちかけられ、それに同意した三女は2人を乗せて利根川に車ごと突っ込んだのです。

これが現代の「楢山節考」である利根川心中のあらましです。このように、介護に追い詰められて自殺する人は結構多く、介護殺人に発展するケースもあるのです。

島田先生によれば、介護殺人は概ね、1年間で40件、10日に一件の割合で起きており、こうした悲惨な事態を防ぐには「もう親を捨てるしかない」とまでおっしゃっています（『もう親を捨てるしかない』幻冬舎新書）。

それほど事態は深刻化しているということでしょう。

こうした事情により、高齢の親の多くは「子供たちには迷惑をかけたくない、そのためにもピンピンコロリで逝きたい！」と願うのです。

姥捨ての時代はそれがもっと顕著でした。60歳になると、親のほうから姥捨てを言い出したことも多々あったようです。生きていても楽しいことなどあまりなかったでしょうし、それよりも自分が生きていること自体が子供の犠牲につながるとしたら、親としてこれほど心苦しいことはありません。

いつの時代も、親というものはどんな犠牲を払ってでも、**「わが子を守りたい！」「犠牲にしたくない！」**という思いが強い生き物なのです。

そこから、親を切る＝「親切」という発想が出てきたのかもしれません。

第2章

最後にものを言うのは、「実力」よりも「人の和」

この世は「実力」ではなく、「好き嫌い」で決まる!?

あくまでも基本的にですが、人は好きか嫌いかで相手を判断します。

そのため**好きな相手は善であり、正義であり、仲間であり、利益であり、役立つ存在だと考えます。**一方、嫌いな相手は悪であり、敵であり、信頼できない危険な存在であり、究極を言えば「害」だと考えるようです。

「そこまで極端なはずがない」と思うかもしれません。しかし「快楽原則」に照らし合わせても、人間とはそうした偏向した生き物であることが心理学の実験でも分かっています。人間が理性の生き物ではなく、**感情の生き物**だと言われる所以《ゆえん》です。これは意図的というよりも、本能的なものなのでどうしようもありません。

だとしたら、「人に嫌われる」ではなくて、「人に好かれる」こと、これが非常に重要なファクターであることは間違いありません。

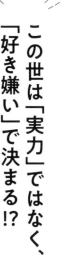

会社でも、サークルでも、学校でも、はたまたどんな業界でも、**人に好かれる人はたとえ実力がなくても、どんどん取り立てられる傾向があります。**

逆に嫌われる人は、どんなに才能があっても（スポーツや将棋など実力が100パーセントの世界を除いて）取り立てられることはあまりないように思われます。

それはそうでしょう。

嫌いな人間は敵であり、悪であり、危険な存在、と考えているとしたら、そんな危うい存在にチャンスを与える人間はまずいないからです。

立場にもよりますが、普段、たとえ公正・公平な人であっても、宝物を与えようとする場合は、ほぼ100パーセントの確率で好きな人間、気のいい人間、尊敬する人間を選ぶのが普通です。あなたも多分そうだと思います。**無意識のうちに、好きな相手を選んでつき合っているはずです。**

大切なのは「実力」よりも「人の和」

そんなわけで、あなたが出世しよう、成功しよう、人間関係をよくしようと思ったら、**まずは周囲から好かれること**を考えなければなりません。

ここが超重要です。

では、どうすればそれが叶《かな》うのか？

いくつか方法はありますが、ここでは誰もができる簡単なものとして、**「気くばり」**を推奨します。強く推奨します。

「気くばりだって!? 今さら古い、古すぎる！」

中にはこう考える人がいるかもしれませんが、それは違います。

確かに21世紀は「実力の時代」と言われ、気くばり文化は衰退の一途《いっと》を辿《たど》りましたが、ここへきてまた息を吹き返しました。

というのも、**実力主義が徐々に行き詰まり、人々は親和性、つまり「人の和」を再び尊ぶようになってきた**からです。

ナポレオンも家康も、天下取りは「気くばり」のおかげ

気くばりとは、具体的にどういうことを言うのでしょうか。辞書を引くと、概ね次のように説明されています。

「配慮。あれこれ細かく気遣うこと」

これだけだと抽象的で、何のことかよく分かりません。

そこで私はこれに加えて**「空気を読む」「他人をほめる」「相手の役に立つ」「相手を立てる」「思いやり」**などが大切だと思っています。

これらもやや抽象的ですが、すべて気くばりだと思っています。どれも大がかりなことではありませんが、ちょっとした気くばりでも、人は感動するものです。

例えば、周囲に髪型やメガネを変えた人がいたとします。

その場合、彼（彼女）らは、内心では周囲の反応をとても気にしているものです。

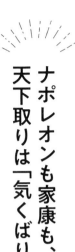

そこで次のように言ってあげたらどうでしょう。

「あっ、髪切ったんだ！　若々しくてなかなかいい感じだね」

「今度のメガネ、スタイリッシュで恰好いいね」

すると言われた人は嬉しくなりますから、以後あなたに好感を持つようになります。

ポイントは、同じ人に似たようなことを繰り返し言わないこと。嫌味にとられてしまうからです。また、仰々《ぎょうぎょう》しく言うとお世辞に聞こえてしまうので気をつけましょう。

あとはタイミングを考えてサラリと言うことです。要はあなたがいつもこうしてもらいたい、こう言われたいと思っていることを、相手の状況、立場に当てはめて伝えればいいのです。

ただし、今の時代、たとえ気くばりであっても、親切であっても、異性にはこうした言葉は避けたほうがいいでしょう。

なぜなら、セクハラと判断されかねないからです。よほどの間柄でない限り、同性に限定するのが、無難だと思います。

そういえば、皇帝ナポレオンは独裁者だと言われていましたが、その割には国民に絶大な人気がありました。その理由のひとつは、彼が**気くばりの達人**だったからです。こんなエピソードがあります。

ナポレオンは記憶力がよくて、部下の名前をほぼ記憶していたといいます。その記憶力を活かして戦況を報告してきた部下、時には一介の歩兵にまで「○○くん、ご苦労さん」と名前で呼んでねぎらったというのです。

これで相手が感動しないわけがありません。

「あんな偉い人が、自分の名前を覚えていてくれた！」

こうして、ナポレオンの人気はうなぎ登りに上昇していったのです。

家康の天下取りは根回しの賜物

もうひとり、江戸幕府初代将軍になった徳川家康も、同様に気くばりの達人だったようです。

天下分け目の関ヶ原の合戦では西軍（石田三成）に対する2つの裏切りがあって東軍（徳川家康）が勝利したとされています。それは事前に家康が、諸大名に何通もの書状を送って**「根回し」（気くばり）**をしていたからです。

そもそも家康は日頃から気くばりがあって人気がありましたが、三成の場合はまったくそれがなく、どの大名からもあまり好かれていませんでした。それが明暗を分けて、家康は関ヶ原の戦いに勝利し、晴れて天下人となれたのです。

まさに**気くばりの勝利**と言っていいでしょう。

あなたが日頃「いざとなるとなぜか味方がいない……」と感じるようでしたら、それはひとつには周囲への気くばりが足りないからかもしれません。

過剰な気くばりはあざとく感じられたりする弊害がありますが、適度な気くばりは、家康の事例のように**有事の際には抜群の効力を発揮する**のです。

会社の人事でさえ、最後は「感情」で決まる

仮にあなたが、中小企業の幹部社員だったとしましょう。

ある年、会社はA、B、Cの3人の社員を雇用しました。

Aは実力の面では普通ですが、適度な気くばりがあって出社時と退社時にはいつも上司(部長)のあなたに、ハキハキと挨拶をします。

「部長、おはようございます。今日も一日よろしくお願いいたします」

「部長、お疲れさまでした。今日も一日ありがとうございました」

しかもAは、旅行や実家に帰った際には、必ずあなたにお土産《みやげ》を買ってきます。

「つまらないものですが、ご家族でお召し上がりください」

ここまで丁寧にやる人は稀《まれ》だと思いますが、とにかくAは、気くばりに長《た》けていたのです。

次にBですが、Bは優れた実力派で、仕事をテキパキとこなします。でも、自己主

張が激しく、Aのような気くばりはまったくありません。

Cも実力派ですが、少々性格に問題があり、しばしば会社でトラブルを起こしています。もちろんCも、気くばりはひとかけらもありません。

さて、数年経って人事担当のあなたは、3人のうちの誰かを昇進させる必要性に迫られました。その際、あなたが選んだ（推す）のは……？

もうお分かりですね。もちろんAです。

最後は理屈より感情で決める

彼の気くばりが影響して、あなたはAに好感を持つようになったからです。別の表現をすれば、Aを敵ではなく、味方だと判断したのです。

Bは嫌いではありませんでしたが、Bの強い自己主張のせいか、なぜか厚遇する気にはなれませんでした。続いてCですが、彼はトラブルメーカーでしたから、論外でした。

あなたにとってCは敵、と言うとちょっとオーバーですが、「いつか排除しなければ」と考えていた存在でした。「そんな人間に、昇進なんてトンデモナイ！」と思うのが普通です。事程左様に、人は好きか嫌いかで何事も判断してしまうのです。

そう、**人事さえも。**

ただし、Bが、昇進に値する特別なスキルを持っていたなら、話は違ってきます。そこを超えてまでAを選ぶのは、会社の建前上なかなか難しいでしょう。

とはいえ前にもお話ししたように、**人間は理屈を超えた感情の生き物**ですから、もしあなたが裁量権をすべて握っていたなら、やはりAを選んでしまうかもしれません。

一部を除けば、どんな業界でも意外に実力とその地位にギャップがある理由は、こんなところにあるのかもしれません。

「実力さえあれば」の恐ろしい落とし穴

出世するため、成功するため、夢を叶えるためには、実力よりも、運よりも、気くばりがより重要になってくるのは前述の通りです。

「バカな！　重要なのは気くばりより、実力や運に決まっている！」

そう反論する人も多いかと思いますが、そうとばかりは言えないのです。

確かに、将棋とかスポーツなどのいわゆる勝負事の場合は、実力が断然優先されます。実力がなければ話にならない分野です。しかし、それ以外の分野では実力はあるに越したことはないものの、**実力があるからといって、それだけでうまくいくとは限らない**のです。

というのは、実力・才能といっても、なんとなく抽象的で、よほどズバ抜けていない限りは評価されるものではないからです。

パソコンスキルが長けているといっても、今はどこにでもパソコンの名人はいますし、プレゼンがうまいといっても、話術に長けた人は大勢います。

これが芸術の分野になると、さらに混乱します。

ピアノがうまいといっても、今はピアノを弾く人はたくさんいますし、絵がうまいといっても、絵心のある人もそこらにたくさんいます。もちろん、ショパン国際ピアノコンクールに入賞したとか、日本美術展に入選したというのであれば話は別です。

しかしそれ以外は残念ながら、才能があるからといってそれですべてうまくいくとは限らないのです。

とはいえ、実力を磨くことは大切です。ある程度の実力がなければ、どんな分野でも、上昇気流に乗るのは難しいでしょう。

だからと言って「実力さえあれば、なんでもうまくいく！」という実力至上主義は、少し危ういように思います。今は**中途半端な実力よりも、親和性のほうが、はるかに人の心に響く**のです。

仮にあなたの隣の席に、パソコンの達人がいたとしましょう。この時、「すごいな！」とは思っても、尊敬するまではいかないはずです。もしかしたらライバル意識が芽生えてきて、逆に嫉妬するかもしれません。

「あのくらいなんだ！　自分だって勉強すればなんとかなるさ」

ところが、この達人が気くばりの達人だったとしたらどうでしょう。


ある日あなたはエクセルを使った資料作成で分からないことを、恐る恐る達人に尋ねます。すると達人は丁寧にこう返しました。

「その処理には、○○と△△の関数を使うと便利ですよ。他に何かありますか？　今時間がありますから、なんでも聞いてください」

この時あなたは「なんだ、Xさん（達人）って無愛想に見えて、意外に親切なんだ……」と思い、少し好感を持つことでしょう。

さらに次の日、達人はこう言いました。

「実は私は、今も○○に通ってプログラミングの勉強をしています。そこにはパソコン教室もあって初心者、中級者の方も大勢来ていますから、よかったら一緒に勉強してみませんか？」

この誘いによって、あなたはさらに達人に好感を持ちます。やがてそれがきっかけとなって、達人とプライベートでも友人としておつき合いするようになります。するとあなたは社内外を問わず、達人のことをほめ歩くかもしれません。これで達人の株は上がり、さらにあなたもエクセルやパソコン全般のスキルが上達して、お互いがハッピーになるというわけです。

ところが、実際はこうはいきません。

実力と気くばりがあれば鬼に金棒

パソコンに限らず、**どの分野でも実力者と言われる人たちは親和性に欠けるところがある**からです。そのため、周囲から不評を買ってしまうことがあります。実力至上主義者が行き詰まるのはそのためです。

実力があるとどうしても排他的、独断的になりがちで、人の意見を聞かなくなり、ひどくなると人を見下すようになります。これが怖いのです。

実力者は、どうしても「自分ひとりでやっていける！　戦える」という想いが強くなってしまうからです。

ここで、前章でお話しした、地下茎について思い出してください。

地下茎（充実した仲間）を持つ植物は、動物に食いちぎられても、人間に刈り取られても、すぐにまた復活します。地下茎から豊富な栄養が送られてくるからです。ところが地下茎を持たない植物は、いったんダメになると、それでジ・エンドとなる可能性が高くなります。支援者がいなくて栄養が送られてこないからです。

地下茎のある・なしの例について、前者は親和性、後者は実力至上主義に当てはめられるでしょう。

何事も、実力一本で強引に推し進めようとしても、結局無理が生じるのです。無理を力で押し通そうとすると、必ずどこかに歪《ゆが》みが生じます。それを防ぐためにも、実力者はぜひ親和性（気くばり）を採り入れるべきなのです。つまりXさんのように、**実力と気くばりを同居させる**ことです。

逆に親和性のある人は、より実力を磨いていくべきでしょう。

そうすれば、ともに「鬼に金棒」となるのです。

剣豪・千葉周作は、なぜ負かした相手を虜にしたのか？

千葉周作といえば江戸時代後期を代表する剣豪です。

彼は5歳頃にはすでに剣の才能が開花し、15歳になった時には今の千葉県の松戸に出向いて、有名な剣豪の門下生となりました。

そこでも類稀《たぐい》なる才能を発揮し、門下一の実力者にのし上がったといいます。

その後、江戸へ出て北辰一刀流《ほくしんいっとうりゅう》の開祖となるわけですが、その頃には彼の名前は世に響きわたっていました。門下生が殺到し、中には坂本龍馬や新選組の隊士も複数いたようです。

さて、当時の江戸では道場破りが流行っていました。

腕に自信のある武芸者が、有名無名の道場に乗り込み、闘いを挑むのです。

北辰道場を立ち上げる前だとは思いますが、千葉周作もそのひとりでした。道場破りをして、もし師範代や道場主を倒せれば、その挑戦者は看板を下ろさせたり、何がしかの金品をもらったりすることができたからです。

お金目当ての人も多かったようですが、負ければよくて半殺し、最悪の場合は惨殺されてしまうので、かなり危険な行為でした。

さらにはたとえ勝ったとしても、危険はあったのです。というのも、負けた道場側は面子《めんつ》丸つぶれですから、道場破りをそのまま放っておくわけにはいきません。そこで道場の弟子たちが、こっそりあとをつけていって襲いかかるのです。

道場破りに成功した武芸者たちの何割かは、勝ったがために命を落としたようです。

負かした相手を虜にする周作の気くばり

ところが千葉周作の場合は、こうした危険とは無縁でした。

彼は実力者ではありましたが、**気くばりの達人**でもあったからです。

普通の武芸者の場合は、勝つと「どうだ！」と言わんばかりに高圧的に振舞う人が多かったのですが、千葉周作の場合、高圧的どころか、相手を持ち上げてこう言ったといいます。

「今日は運よく私が勝てましたが、先生（師範代&道場主）の腕前はお見事でした。もう一回やったら、きっと私が負けるでしょう」

そう言って、もらったお金の中の一部を取り出して「これで皆さんでお食事でも……」と言って振舞ったというのです。

それにしてもすごい気くばりですね。

こうして気くばり戦法を取ったがゆえに、千葉周作は闇討ちに遭うこともなく、その後、日本一の剣豪としてその名を広く知られることになったのです。

絶対に断らない
——角栄が首相の座を射止めた理由

大損をしながらも、大魚中の大魚を釣り上げた人物を紹介しましょう。

かつて「今太閤《いまたいこう》」と呼ばれて、首相の座まで上りつめた田中角栄氏その人です。

そもそも政治家で大臣まで出世する人は、ほとんどが高学歴の持ち主です。特に総理大臣にまで上りつめる人は9割方、一流大学を卒《で》ています。

ところが田中角栄氏は、基本的に小学校しか卒ていません。

にもかかわらず、角栄氏は常識を打ち破って、政治家の最高峰のポストをゲットしています。その秘密は、彼が類稀なる「気くばりの達人」だったからです。

とにかく角栄氏は、**人に頼まれたら何事も決して断らない人**だったと言います。

「よっしゃ、よっしゃ」で、すべて引き受けたのです。

例えば、「困った！」と泣きつく人間には、ほぼ無条件で協力した（あるいは金銭を提供した）そうです。もちろん、相手が信頼できる人間であることが前提……と思いきや、どうやらそうでもないようです。彼の場合、たとえ信頼できなくても、それに応じたという話はよく聞きます。

こんなエピソードもあります。

ある時、不祥事を起こして、角栄氏に穴埋めに30万円が必要……と泣きついてきた者がいました（金額は正確ではありません）。

その時、角栄氏は「よっしゃ」のひと言で、希望の金額を差し出したと言います。ところがその人があとで紙袋を確認したところ、なんと倍の60万円が入っていたのです。これには本人も相当、驚いたとのこと。

また彼は、知人、友人の肉親が亡くなった、などの情報を耳にした場合、すぐさま部下に命じて大枚《たいまい》の香典を届けました。祝い事の場合もおそらく同じようにしていたのでしょう。こうした先回りとも言うべき戦法で、彼は多くの人々を味方につけました。亡くなった今も角栄氏のファンが多いのは、そのためです。

さて、では彼が政界入りした（できた）きっかけは何だったのでしょうか？

やはり気くばりでした。もしかしたら気くばりを超えて「金くばり」と言ったほうがいいかもしれませんが、彼の場合、損をすることをいとわない、それどころか、**損することに喜びを感じるような人間**でしたから、それできっかけをつかんだのです。

いつの時代も「人の和」は欠かせない

彼がまだ30歳になる前、土建工業の社長だった頃の話です。支持していた、とある政治家の関係者からこう泣きつかれました。

「頼む！　何とか３００万円を都合して欲しい！」

当時の３００万円は今のお金に換算すると10億円近くになるらしいのですが、この時角栄氏は「分かりました。何とかしましょう……」と言って、あっさり引き受けたといいます。

どこかで借金して用立てたのだと思いますが、これは角栄氏にとっては大きな賭けでした。その政治家が万一転落した場合は、会社が倒産するのはもちろんのこと、10億円という巨額の借金を背負い込むことになるからです。そして当時の情勢からいって、その可能性はかなり高かったようです。

でも彼は損することに喜びを感じる人間でしたから、破滅を覚悟で、これに応じたのです。結局、これがきっかけとなって、彼は政界入りを果たし、後年総理大臣のポストを手に入れるまでに上りつめたのです。

まさに「気くばり」（そして「金くばり」も）の勝利と言っていいでしょう。


角栄氏のようにお金もなく、普通の才能しかない私たちが人を動かして目標を実現するためには、気くばりは欠かせません。

どんなに時代が変わろうと、またどんなに強い人間であろうと、**必ず心の奥底には人に好かれたい、人とつながっていたい、という親和欲求が存在する**からです。その親和欲求に働きかけることは、実に有効な手段です。

幸運をゲットするためには**「天の時、地の利、人の和」**が大事だと言われるように、**どんなに実力主義の時代になろうとも、やはり「人の和」は欠かせない**のです。

換言すれば人の和≒人脈です。人脈はさまざまな要因によって構築されますが、気くばりによっても大きく育っていくのです。

第3章

あなたの善行を、宇宙は見逃さない

奇跡の星
——地球を守ってくれる大宇宙（神）の力

私は**宇宙には神様が存在する**と思っています。

誰が何と言おうと、そう思っています。

といっても、皆さんが考えているような神様とは少し、いや大分違います。

皆さんが考えているのは多分、白い衣を着て、白髭を生やして、長い杖を持っている……そんな仙人風のイメージだと思います。

でも違います。あれは単に分かりやすくするために、誰かが考え出した偶像に過ぎません。神様って本当はもっと抽象的で、神秘的で、とても不可解な存在なのです。だから「こういう形をしていて、色は緑で、大きさはこのくらいで……」なんて言えないのです。

確かなことは**「宇宙に遍満していて、森羅《しんら》万象《ばんしょう》を司っている」**ということです。

ここで星の運行を考えてみてください。

ご存じのように、地球は約24時間周期で自転して、約365日かかって太陽の周りを回っています。ちなみにそのスピードですが、自転は時速約1600キロ、公転は時速なんと10万キロだと言われています。

それにしても、すごいスピードですね。

「そんなスピードでどうして地球はひっくり返らないの？」

当然そんな疑問が湧いてきますが、それは地球が大気とともに移動しているからです。飛行機を考えてみると分かりやすいです。

ジェット旅客機は1万メートル上空を時速約900キロで飛んでいます。でも、乗っている人は何も感じません。止まっているみたいです。飛行機（鉄の壁）と一緒に飛んでいるからです。それと同じ理屈です。

さて、回っているのは地球だけではありません。太陽も、地球や火星や木星などの8惑星を従えて、定められた軌道を回っています。さらに銀河系そのものも、この広大な宇宙を理路整然と回っています。

星の運行だけではありませんが、こうした**宇宙を動かしているところの大もとの力**

を私は「神」と呼んでいるのです。「神とは物理学そのものである」と言う物理学者もいます。神様という言葉が嫌いな方は、**「宇宙の法則」「大自然の摂理」「宇宙パワー」**、あるいはあなたの好きな呼び方に置き換えていただいても構いません。

残念ながら2021年に他界されましたが、筑波大学名誉教授の村上和雄先生も、この宇宙には不可視の偉大なる何かが存在するとして、**「サムシング・グレート」論**を展開されています。

人間は神様から守られている

「実は私たち人間は、いつも神様から守られているのです！」と言うと驚かれるかもしれませんが、これはまぎれもない事実です。

どういうことでしょうか？

私たちの体を観てみましょう。

あなたは今、体を特別に意識していません。にもかかわらず、あなたの体の各機能は24時間休むことなく働いています。心臓は正確に脈打ち、血液をそれぞれの器官に循環させています。不思議なことにそのあなたの血液中には白血球、リンパ球が抗体を作って異常なものの侵入を防いでくれています。

結核菌やガン細胞や各種ウイルスが近づくと、たちまち白血球が攻撃を仕掛けてそれらの異物を食べてしまいます。

食事をした場合も同様です。私たちが何もしなくても、あとは体がすべてうまく処理してくれます。胃が収縮して消化活動が行われ、分解されて腸に行き、さらにそれが腸から吸収されて血肉となり、残りの不要物は便や尿となって体外に排出されます。

こんな素晴らしい体内の働きを、誰がやってくれているのでしょうか？

「誰もやってはいない。自律神経がやっているのさ……」

確かに脳科学、医学的に言えばそうなるのでしょう。さらに質問します。では、その自律神経は誰が動かしているのでしょうか？

この質問にはさしもの科学者も答えに窮するに違いありません。

科学とはすなわち因果関係、相関関係の究明であり、原理、原因、法則等が分かれば、それ以上の追求はしないからです。

というよりも、そこから先は科学では解明できないのです。

では誰が……？

ズバリ、**神様（宇宙の至高の存在）**です。神様が自律神経を動かし、星をコントロールし、そして全宇宙を掌握しているのです。こうした理屈を超えた宇宙の働き、性質、システムを科学者は自然法則と呼び、宗教家は神、仏、と呼んでいるのです。

ここでお断りしておきますが、私は仏教徒であり、クリスチャンですが、特定の宗教団体には所属していません。もっとも、若い頃にはさまざまな宗教団体をはしごして熱心に活動したこともありますが、30歳を過ぎたあたりですべてやめています。宗教に意味を見出せなかったからです。特に新興宗教には危険性を感じました。信者を洗脳して、金集めばかりに狂奔している団体も存在するからです。

ただし、それは一部の悪徳団体であって、ほとんどの宗教団体は真面目に活動されているようです。ここは誤解のないようにお願いします。

さて、話を戻しますが、1972年にアポロ宇宙船に乗って月面着陸を果たしたユージン・サーナン飛行士も、神の存在を認めています。

「……宇宙から地球を見るとき、そのあまりの美しさにうたれる。こんな美しいものが、偶然の産物として生まれるはずがない。ある日ある時、偶然ぶつかった素粒子が結合して、偶然こういうものができたなどということは絶対に信じられない。地球はそれほど美しい。何らかの目的なしに、何らかの意思なしに、偶然のみによってこれほど美しいものが形成されるということはありえない。そんなことは論理的にありえないということが、宇宙から地球を見たとき確信となる」(『宇宙からの帰還』立花隆・中央公論社)

太陽風と「磁場のバリア」の不思議

もうひとつ、神様が存在する重要な証拠をここで披露してみましょう。先ほども言いましたように、私たちは神様に守られているわけですが、いったいどのようにして守られているのでしょうか。

個人ではなくて、地球全体・人類全体が包括的に守られています。

例えば地球と太陽の距離です。地球は太陽から約1億5000万キロ離れています。これは生命が誕生できる絶妙な距離で、この地帯を「ハビタブルゾーン」と言います。その他に月が地球のそばを回っていた、地軸が23・4度傾いていた、地球が適度な大きさだった、などたくさんありますが、ややこしいのでここでは2つに絞って紹介することにします。

まずひとつは、地球に**地磁気**が存在したということです。地球には有害な放射線が常に降り注いでいます。太陽風がその代表です。プラズマと呼ばれる極めて高エネルギーの粒子で、これが地球にさまざまな影響を与えています。太陽フレアが発生すると停電したり、通信障害が起きたり、また人工衛星への影響も出ているようです。

それよりも恐ろしいのは人体への影響です。太陽風を直接浴びた場合、発ガンなど、さまざまな健康被害が考えられます。

でも大丈夫です。地球には磁場（地球は磁石そのもの）があり、そこから地磁気が発生しているからです。つまり磁場とオゾン層のバリアのお陰で、人類は放射線の被害から免れているのです。ちなみに美しく神秘的なオーロラは太陽風が地球の磁場とぶつかった時に見られる現象です。言い方を換えれば「大気が悲鳴を上げている」状態です。

「磁場のバリア」があるなんて、これは本当にすごいことです。いったい誰がこんなすごいものを構築してくれたのでしょうか？　科学者は「偶然だ」と言いますが、ズバリ、私は神様の御業《みわざ》だと思っています。

巨大隕石が人類を誕生させた

もうひとつは**木星と土星**の存在です。地球のそばに、この巨大な2つの惑星があるお陰で地球は守られている、ということを大半の人は知りません。

ご存じのように約6500万年前に、メキシコのユカタン半島に直径約10キロの巨大隕石が衝突し、これによって恐竜は絶滅したとされています。

実は恐竜は生命力のある生き物で、隕石が衝突するまで、なんと約2億年近くもの長きにわたって生存し続けていたのです。

人類の歴史は約700万年前にアフリカで誕生した「猿人」とされていますので、恐竜の2億年には遠く及びません。ですので、もし巨大隕石の衝突がなかったら、今も恐竜は繁栄していて、人類が誕生する余地はなかったものと思われます。ネズミほどの極小の私たちの先祖は、恐竜が絶滅したあとに進化して現在に至っているのです。

ここでさらに不思議なことがあります。

それは時間帯です。「隕石が絶妙な時間帯で絶妙な場所に落ちた」と千葉工業大学惑星探査研究センター所長だった松井孝典《たかふみ》先生は言います。なぜ絶妙な時間帯なのか？　そのあたりのことを、松井先生ご自身に語ってもらいましょう。

「ユカタン半島は主に石灰岩と石膏でできていて、そこに巨大な隕石がものすごい速度で衝突した。そのエネルギーで大爆発が起き、石膏の岩石のなかの成分が蒸発して三酸化硫黄になり、激しく大量の酸性雨を地球全土に降らせた。それによって海水が酸性化し、有孔虫の石灰（カルシウム）の殻も溶かされ、ほとんど死滅した」

続いて先生はインタビュアーの、以下の質問にこう答えています。

「ということは、隕石がユカタン半島に落ちたってことが、恐竜たちの運命を決めたと？」

「例えば飛んできたのが1時間遅くて、別の場所に落ちていたら、例えばアメリカ大陸に落ちていたら、そこは石灰岩と石膏もないから大量の酸性雨も降らず、これほどの大量絶滅は起きなかった」（『週プレNEWS』＆『天体衝突』松井孝典著・講談社ブルーバックス）

巨大隕石が地球に落ちてこないワケ

いかがでしょうか。人類が誕生するためには恐竜の絶滅が必要だった……、そのためにはぜひともユカタン半島に衝突する必要があった……、なぜなら1時間遅れだったらこんな大惨事は起こらなかった（恐竜の絶滅がなかった）から……ということです。

それにしても不思議な話ですね。まさに絶妙なタイミングで文字通り**「神業」**です。

ここで木星と土星の話に戻りますが、なぜ地球にとってこの2つの惑星が重要なのでしょうか？

それには重力（引力）が関わっています。地球の直径は約1万3０００キロですが、土星はその10倍の約12万キロあります。木星はさらに大きく、その11倍の約14万キロ、質量は地球の３１８倍あります。

質量が大きいほど、重力は強くなりますから、隕石が落ちる際には地球よりも木星もしくは土星に落下するはずです。ご存じの方も多いと思いますが、地球には隕石が毎日雨アラレのようにたくさん落ちてきています。しかし、大半の隕石は地球の大気圏に入ると摩擦熱で燃え尽きてしまいます。

ところが、地球に大被害をもたらす巨大隕石も時々落ちてきているはずです。ちなみに自然災害を起こすような隕石は、ある計算によれば、１００年に35回くらいの割合で発生する可能性があると言います。10年で３・５回です。でもその頻度で地球が被害を受けたという話は、ついぞ聞いたことがありません。

それもそのはず。

実は地球に落下する可能性のある巨大隕石の大半は、木星と土星に吸い込まれていると考えられるからです。両惑星は質量が地球よりも桁外れに大きいですから、当たり前と言えば当たり前ですが、それにしてもなぜこのような地球にとって有難いシステムが構築されているのでしょうか。

「磁場バリア」や「巨大隕石」の問題だけではありません。

その他にも数えきれないほどの偶然が重なって、今も地球は存在しています。まさに**「奇跡の星」**です。

科学者はもちろん偶然を主張しますが、私はそうは思いません。

「神の御手」がその裏で働いているものと考えています。

善行は宇宙の心に届き、大きな幸運が返ってくる

念のためにもう一度お断りしておきますが、私の言う神様は、キリスト教や仏教、あるいは新興宗教の神様のことではありません。**あくまでも大宇宙にあって、森羅万象を支配する力、至高の存在、偉大なるシステム、自然の摂理のこと**を言っているのです。

これについては、アインシュタイン博士も、ホーキング博士も同様に「この世に宗教で言うような神は存在しない！　自然法則があるのみ」と断言されています。

今もチラッと出てきましたが、例えば地球には重力（引力）というものがあります。この法則は、水は高きより低きに流れるごとく、すべての物体は上から下へ落下することを掟《おきて》としています。これも一種の神の法則だと私は思っています。先ほど「神とは物理学そのものである」と言った物理学者がいたことを紹介しましたが、ある意味、的を射た言葉だと思います。

ですから、この引力の法則に従えば、普段の生活はうまく回りますが、無視すれば悲惨な結果を招くことになります。

例えばあなたが10階建てのビルの屋上にいたとして、地上に下りようとした場合、どんな方法を採りますか？

もちろん賢明なあなたはエレベーターか階段を使って下りるでしょう。これは引力の法則に従った方法であり、なんら問題は生じません。

ところがせっかちで、一気に地上まで行こうとして、飛び下りたらどうでしょう？当然、地上に激突して命を落とします。引力の法則に逆らった結果です。言わばこれが天罰・神罰なのです。

神社に行って「神様、自分は風邪を引きたくありません。どうかお守りください」と祈ったところで、真冬にシャツ一枚で雪の中で過ごしたり、川に飛び込んだりしたら、願いが叶うわけがありません。これでは風邪どころか、肺炎を併発しかねません。完全に自然の法則に反しているからです。

風邪を引きたくなかったら、冬ならちゃんと厚着をして季節に合わせた生活をすることが肝心です。

交通事故にしてもそうです。いくら交通安全の神札を車に貼ったところで、信号を無視したり、40キロ制限の道路を100キロで暴走したりしていたら、事故に遭わないわけがありません。交通事故に遭いたくなかったら、何よりもまず交通ルールを守って安全運転を心がけることです。それをやってこそ安全で快適なドライブを楽しむことができるのです。

交通ルールは人間がつくったものですが、そんなことに関係なくルールを破れば、このように事故という形で天罰が下るのです。

ここで注意しなければならないのは、いずれの場合も天罰を下すのは決してキリスト教や仏教、新興宗教の神様ではないと言うことです。「自然の摂理としての神様」が罰を下しているのです。「下している」と言うと語弊がありますが、あくまでもルール違反のペナルティと考えていただくと、分かりやすいかもしれません。

「じゃあ、よく新興宗教等で、『信仰に励まないと神罰が下る！』と言われることがあるけど、これはどうなの？」

関係ありません。そんなのは無視して大丈夫です。そもそも特定の宗教の神様が天罰を下すわけがありません。いや、下せません。ですから、もっと献金しろとか、もっと信仰に励め！　でないと神罰が下る！　などと脅す宗教には、近づかないほうがいいでしょう。

「因果は巡る」は本当である

仏教には因果応報という教えがありますが、あくまでも自分が犯した罪に対して、罰（負の現象・事象）が下るのです。それを誤解して霊とか先祖の祟《たた》りとか、呪いなどを恐れるのはまったくのナンセンスです。

犯罪者は警察を恐れますが、それは自分にやましいこと（罪を犯した）があるからです。まっとうな人で警察を恐れる人なんていません。これと同じで、自分が自然の法則を犯していなければ、祟りも呪いも神罰も恐れる必要はないのです。

これは単なるエピソードなので、本当かどうかは分かりませんが、明治の大教育者の福沢諭吉先生は、子供の頃、神棚のご神体を取り除いて、代わりに石ころを入れて遊んでいたといいます。大人が来て、それ（石ころ）に手を合わせているのが面白くてたまらなかったといいます。

いわゆるイタズラ好きの「バチ当たり」少年だったわけですが、なんのバチも当たらず、先生はその後、大教育者として生涯ご活躍されました。

いかがでしょうか。ここまでのお話で、私が言う神様の輪郭が少しはご理解いただけたでしょうか？　ご理解いただけたと仮定して、次に**幸運転送**について述べていくことにしましょう。

さて、原始仏典の中で最も古い部類の経典とされているのが「ダンマパダ」いわゆる「真理の言葉」です。お釈迦様直伝の教えとされています。原始仏典の中では人気が断トツで、東洋を越えて広く世界に流布しています。

その中でお釈迦様はこう述べています。

「善い行いをする者には歓喜が訪れる。この世で歓喜し、来世でも歓喜する」

裏返せば「悪い行いをする者には悲哀が訪れる！」となります。

それにしても来世まで歓喜、悲哀が訪れるというのですから、これはすごい言葉ですね。

善因とは善い種を蒔《ま》くことであり、悪因とは悪い種を蒔くことです。

スイカの種を蒔けばスイカができますが、間違ってもカボチャはできません。カボチャが欲しければ、カボチャの種を蒔くしかありません。

これと同じで、幸福になりたかったら幸福の種を蒔くことが必須です。不幸の種を蒔いておいて幸福を求めるのは、スイカの種を蒔いて、カボチャを希望するようなものです。絶対にありえません。

では幸福の種とはなんでしょうか？　何をどのように蒔けばいいのでしょうか？ここまで読み進めて来られた方ならもうお分かりですね。そう、蒔くのは**「善意の種」**です。善意とは、これまで述べてきた**親切心であり、気くばりであり、他人への思いやりであり、利他心**を指します。どれも共通する点があり、いわばグラデーションですが、ひと言で言うと**「徳を積む」**に集約されると思います。「徳」とは、辞書を引くと概ね次のようになっています。

「人間の道徳性や社会性が発揮された結果であり、それを重ねることで他者からの尊敬や感謝を集めることができる」

尊敬、感謝されるのは何も他者からだけではありません。善を積むと、同時に神様からもほめられるのです。

はじめにでも述べたように、**善意、親切、利他の精神は回数を重ねれば重ねるほど、**

人に喜ばれると同時に宇宙の心、つまり、神の心にも刻み込まれていきます。すると、宇宙には人間の念願、利他の精神、善の精神などを受け取り、それを精査して現実世界に還元するという働きがありますので、こうした現象が起きるのです。

「宇宙には人間の利他の精神、善の精神などを受け取り……」というのは、ニューソート哲学のトマス・トロワード先生の言葉ですが、彼は**祈りや想念、強い信念は宇宙にインプットされ、いずれ願いは叶う**と言っているのです。

ただ残念ながら、祈りや想念だけでは充分ではありません。祈りは重要ですが、祈ったからといって願いが叶うわけではありません。そんなことになったら、世の中おかしなことになってしまいます。

「祈ったら、ビルが建っちゃった」「想念を持ったら、夢が叶っちゃった」「祈ったら、宝くじが当たっちゃった」「想念を持ったら、病気が治っちゃった」

実は私も、若い頃はこうした甘い言葉にほだされて、祈りや想念に励みましたが、ほとんど効果はありませんでした。

では、祈りは無意味なのでしょうか？

いや、そうではありません。人によって差はありますが、**祈りには大きな力が秘められています。**しかし、祈りだけでは完結しません。祈りのみに頼ると、逆に願いは叶わなくなるでしょう。

これについてニューソート哲学のロバート・シュラー博士は**「祈ったら、祈りっぱなしにしておかないで、すぐに行動に移しなさい！」**と述べています。

そうなのです。祈ると同時に、**祈りに沿った行動が必要**なのです。この2つがあって初めて願いは叶います。ここは非常に重要な点ですので肝に銘じておいてください。

さて、話を戻しますが**「善行」**を実践していくと、宇宙の心にそれが少しずつ刻み込まれていきます。その時点ではすぐには反応しませんが、やがて臨界点に達すると大きな幸運となってそれが返ってきます。ダイレクトに本人から返ってくることもあれば、回りまわって予想外の方向から返ってくることもあります。

前にも述べたように、簡単に言うとこれが「幸運転送」のメカニズムです。

実はあまり知られていませんが、前述の幸田露伴先生も、**「分福」**という言葉で幸運転送について述べています。ここで彼の教えに耳を傾けてみましょう。

福は分け与えよ
――幸田露伴が唱えた「分福」の思想

露伴先生は小説家ですが、思想家・哲学者としての才能も持ち合わせていたように私は思います。というのは、彼は著書の中で、

「やってきた福は独り占めしないで分け与えることが重要であり、それでさらに大きな幸運を呼び込むことができる」（『運が味方につく人つかない人』渡部昇一著・三笠書房・知的生きかた文庫）という旨のことを言っているからです。

ひと口に分福と言っても、これがなかなかどうして、そう簡単にできるものではありません。人間は欲の強い生き物ですから、どうしても自分の物は自分の物として、理由もなく他人に与えるのはなかなかできないものです。

それが普通の感覚であり、それでいいと思います。分福しなかったからといって、それで落ち込む必要はまったくありません。また、本当に生活が困窮している相手でない限り、無暗《むやみ》に分け与えるのは避けたほうがいいでしょう。意味のない分福は、相

手に依頼心を芽生えさせてしまうからです。

ただ、自己努力を怠らなかったにもかかわらず困っている人がいたら、分福は大いに意義があると思います。分福によって相手が助かるのみならず、あとで「幸運のギフト」となって自分にも返ってくるからです。

分福は何もお金に限ったことではありません。もちろんお金が必要な時もあるでしょうが、資金に乏しい人はその限りではありません。

お金以外の労力でも、ボランティアでも、励ましの言葉でも、仕事の紹介でも何でも構いません。相手があなたの親切な言動や思いやりで助かるのなら、もうそれは立派な分福と言っていいでしょう。

ところで、助けを必要として、物よりも思いやりよりも金銭の提供を望む人が結構いますが、特別な場合を除いて、それはギリギリまでやらないほうがいいでしょう。私の考えとしては、分福は基本的に間接的にやるべきだと思っています。

言い尽くされた言葉ですが、要するに「**人には魚を与えるな、魚の釣り方を教えよ**」ということです。その時は相手は不満に思うかもしれませんが、そのほうがのちに彼らの自立につながると思うからです。

さて、**分福は「天に貯金することと同じだ」**と露伴先生は言います。天への貯金は銀行への貯金と違って、金利がバカ高い上に複利もすごいですから、満期になった時は莫大なお金（幸運のギフト）が手元に入ってくるのです。

分福は得意な分野で

生き方や考え方を変えることも、幸運転送を促す大きな原因になります。たとえ分福を実践したとしても、愚痴、嫉妬、恨み、怠け、犯意、度を越えた利己心などの感情を持ち続けていたら、せっかく積み上げた「徳」も帳消しになってしまいます。

私は長年、運命の研究を続けてきましたが、幸運の女神に好かれる人と、嫌われる人の間には大きな差があることに気づきました。

それは、ひと言で言えば、**「徳」があるかないか**です。言い方を換えれば、人生に対して、**「前向きか、後ろ向きか」**です。前者と後者では、言動も人生観もまるで違いますから、やはり前者のほうがより多くの幸運を享受することができるのです。

ただ、「徳」がなくても、持ち前の強引さで大きく成功する人も、世の中にはたくさんいます。しかし、その成功は一時的なことが多いです。確かにビジネスでは時には強引さも必要ですが、そればかりで押し通そうとすると無理が生じて、最後には没落します。世の中を見回してみると、そんな事例がゴロゴロあります。政界しかり、芸能界しかり、産業界しかりです。

残念ながら、私もまだ「徳がある」とは言い難い未熟な人間ですが、それでも自分のできる範囲で、分福を続けていこうと思っています。ただ、分福は中途半端でもいいと思っています。「徳ある人間」とは言っても、やはり欲望に支配された生身の人間ですので、これを完璧に実行することなど、よほどの聖人でない限り無理がありま す。

ですから、**分福は得意な分野に絞ってやればいい**のです。今しがた、お金の分福はなるべく避けるべきと言いましたが、場合によってはお金で分福したほうが効果的な場合もあります。東日本大震災の時もそうでしたが、令和6年1月に発生した能登半島地震についても、資金の豊富な方はお金で分福すればいいと思います。「ちょっと資金不足で……」という方はボランティアでの貢献がおすすめです。

これまで私は、ボランティアにはちょっぴり後ろ向きでしたが、今は見方が少し変わってボランティアの重要性を感じています。体力、時間のある方は大いにボランティアで分福してください。

その他、分福の方法としては、事業を興して人々に新たな職場を提供するのも分福ですし、事業がうまくいって多額の税金を払うのも、立派な分福です。いずれにしても**社会貢献がなされるならば、どんな方法でもそれは分福**と言っていいでしょう。

そういう意味では、お笑い芸人も、歌手も、俳優も、タレントも、スポーツ選手も、その他ありとあらゆるジャンルの方が、意識せずに分福に励んでいることになります。なぜなら、それぞれに支持者、ファンがいて、それぞれが励みとなって活躍できているからです。

逆に言えばファン、支持者も分福の実践者だと言えます。

よくSNS等で「いいね！」ボタンを押したり、応援のコメントを書いたりすると、管理人から「コメントありがとうございます。励みになります……」と返ってくるのがその何よりの証拠です。

日本が豊かなのは、もちろんさまざまな要素がありますが、ひとつには**「助け合い**

の精神」が旺盛というのも大きな要因だと思っています。

豊かな日本も、時代の変化や災害（新型コロナ、地震等）で紆余曲折を強いられていますが、日本人に分福の精神がある限り、立ち直っていけると私は確信しています。

第4章

「与える人」に変わる、利他・親切のちょっとした習慣

「親切グセ」を意識して実行してみよう

何かを行う際、意識的にやるのはなかなか大変なことです。

例えば運動です。少なくとも週に3回くらいは運動する必要があると頭で分かっていても、なかなかできるものではありません。始めたとしても、つい億劫《おっくう》になって途中でやめてしまうことが多いようです。

でも、ここに運動を続けるうまい方法があります。それは、運動グセをつけることです。それには最初は意志の力で運動を行うことです。辛くても、かったるくても、「自分は運動人間になって、健康づくりにまい進するぞ!」と自分に言い聞かせて、毎日、あるいは週3回なら3回と決めて、意志の力で実践することです。

最初は10分程度でも構いません。とにかく意志の力で、継続させることが大切です。それを1、2カ月も続けていると、段々慣れてきて今度は運動が楽しくなってきます。運動をしないと、逆に気持ち悪くなってきます。

そうなればシメタものです。意識的に「さぁ、運動しよう！」などと意気込まなくても、自然に体が動くようになります。

親切も同様です。他人に親切にしようと思っても、気恥ずかしさもあり、なかなかできるものではありません。電車の中でお年寄りに席を譲ることでさえ、勇気がいるものです。でも、運動と同じように、**意志の力で親切を続けていくと、それが当たり前になって、そのうちに平気でできるようになります。**

例えば、満員電車で立っているお年寄りを見つけたら、必ず席を譲る……、これを信条としたらどうでしょう。信条はちょっとオーバーかもしれませんが、とにかく自分の中でルールを決めて、実際にそういう場面に遭遇したら実践するのです。そうすることで、いわゆる**「親切グセ」**がつきますから、簡単に親切人間に変身することができるのです。

ただし、中にはプライドの高いお年寄りがいて、「余計なことをしないでくれ！」と反発されることもありますので、その辺のところは少し注意したほうがいいでしょう。明らかに高齢、見るからに大変そう、たくさん荷物があって苦しそう、という場合に限定したほうがいいかもしれません。

ところで、今「親切グセがつく」と言いましたが、なぜ「クセ」なのでしょうか？クセとは「一般的でない性質や傾向」と辞書に書かれています。それだけにクセがつかないと、なんであれ、スムーズな実践は難しいのです。

ちなみに、クセと言えば酒グセ、女グセ、怠けグセ、ギャンブルグセ……のように一般的にはマイナス面で使われることが多いのですが、親切グセに関してはまったくそんなことはありません。ほぼ100パーセント、プラスの評価になりますので、大いに「クセ」を利用していただきたいものです。

自分も気分がよくなる

そして親切がクセになるのには、もうひとつ理由があります。それは**他人に親切を施すと、相手以上に自分のほうも気分がよくなる**からです。

これについて、心理学者の植木理恵先生も「普段、親切を率先して行うようにしている」旨のことを述べています。なぜかというと、「親切を施すことで、やはり自分自身がさわやかな気分になるから」だそうです。

事実その通りで、アメリカの心理学の実験でも、親切な活動を1週間続けると、幸福感が増すことが分かっています。この時、脳内から**幸せホルモンと呼ばれるセロトニンやドーパミンが分泌されている**と脳科学者は言います。

分泌されれば、当然「幸せ感＝快感」が強くなるわけで、これがクセとなってその後もボランティア等の親切活動を続けていけるのです。むしろ親切グセの人は、続けないと逆に気分が低下してしまうと言います。低下した時に分泌されるのは、「コルチゾール」と呼ばれるストレスホルモンです。

受験をクリアした時やコンテストでグランプリに輝いた時、あるいは仕事の目的を達成した時には脳内の報酬系と呼ばれる部位から「ドーパミン」がドッと放出されます。これと同じように、他人に親切を施して「ありがとう！」と言われた時には、やはりドーパミンが大量に分泌されて、文字通り幸福感がマックスになるわけです。

幸福感が目的でやっているわけではないと思いますが、そんな事情もあって、過酷なボランティア活動でも継続できるのだと思います。

1995年に起きた阪神・淡路大震災、2011年に起きた東日本大震災、それに

2024年のお正月に起きた能登半島地震の時もそうでしたが、ボランティアに参加された方々の熱意には本当に頭が下がります。

もちろん、どの震災の時にも、お金を寄付した方々も大勢いらっしゃって、それはそれで尊敬に値することです。しかし現場に身を投じて活動をすることのほうが、より困難なのではないかと私は考えています。なぜなら、トイレや断水などの衛生事情、それに停電や交通事情や食事の問題など、あらゆる困難が待ち受けているからです。

ここで改めて尊敬の念を持って、ボランティアの方々の活動をねぎらいたいと思います。きっとこうした方々には、いずれどこかで「幸運のギフト」が届くものと確信しています。

宅配ドライバーには、「ねぎらいの言葉」をかけよう

宅配ドライバーさんは、本当に大変だと思います。

ただ忙しいだけなら、どこの企業も同じですが、ドライバーさん独自の悩みは再配達にあります。今はコンビニでの預かりや宅配ボックスも増えてきていますから、以前よりは減っているとはいえ、それでも再配達率は平均で約15パーセントにものぼると言われています。

15パーセントと聞いて、ちょっと少ない気がしました。実際は30パーセントを超えているのではないかと私は思っています。そんなわけで、自宅に戻ってポストに「不在連絡票」が入っていると、本当に申し訳ない気持ちになります。そこで我が家では**宅配のドライバーさんに対して、感謝と御礼の言葉をいつも忘れない**ようにしています。

「配達、ご苦労様でした。ありがとうございました」はもちろんですが、それ以外に

も雪や雨の日には「雪（雨）の中、大変でしたね。気をつけて運転してくださいね」とお声がけしています。

時々「配達員なんだから、配達して当たり前！」とばかりに横柄な態度をとる人もいるようですが、私に言わせればクレーマーと同じです。

ドライバーさんに限りませんが、いくら商売とはいえ、それなりの礼儀は絶対に必要です。

実は私の自宅はマンションの7階にあります。定期点検のために、3カ月に1回の割合で1時間ほどエレベーターが休止することがあります。

たった一度だけですが、丁度その休止した時に荷物を届けてくれたドライバーさんがいました。エレベーターが使えないわけですから、当然階段を使って上ってくるわけですが、問題は荷物の内容にありました。

なんと運悪くその時の荷物は、親戚の農家から送られてきたお米だったのです。それも20キロ。かなり辛そうな感じでした。

もっとも、ドライバーさんなら荷物運びには慣れているでしょうから、その程度は平気なのかもしれませんが、私には辛そうに見えました。そこで私は、いつもより丁寧にねぎらいの言葉をかけた上で、家にあったウイスキーを1本プレゼントしました。もちろん、封切りしていない新品です。

遠慮がちでしたが、嬉しそうに受け取ってくれましたので、こちらもなんとなく嬉しくなりました。

これ以外にも我が家では**200円程度のプチプレゼントを用意していて、再配達のドライバーさんには、必ず手渡ししています。**

読者のみなさんも実行されてはいかがでしょうか。「仕事なんだから当たり前！」と思わないで、ドライバーさんに限らず、労力を提供してくれた方には、きちっと感謝の気持ちを伝えましょう。

親切グセ、気くばりグセがある人は、自然にこうした態度がとれるようになるはずです。

SNSでは、いつも「いいね！」ボタンを押そう

私は、SNSでもブログでもYouTubeでも、見ていて感心するコンテンツには、**必ず「いいね！」ボタンを押しています**。いや、大して関心がなくても、よほどの事情がない限り、普通に「いいね！」ボタンを押しています。**「知らなかったことを教えてくれてありがとう」**そんな気持ちからです。

もちろん「これは！」と思ったものにはコメントも書いて送っています。するとほとんどの管理人さんが、「コメントありがとうございます」とか「嬉しいお言葉ありがとうございます」と返してくれます。非常に嬉しそうです。私もそれを見て嬉しくなります。

ところが親切心のカケラもなく、中には手当たり次第にネガティブなボタンばかりを押す人がいます。勢い、この類の人のコメントは最悪です。内容をケチョンケチョンにけなし、脅しまでかけてくることさえあります。

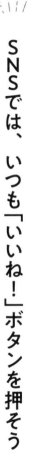

本人は面白半分にやっているのかもしれませんが、受け取ったほうはたまったものではありません。それをきっかけに、投稿をやめる人さえいます。

投稿をやめるくらいならさほど問題はありませんが、中には誹謗中傷に耐え切れずに、自殺する人もいます。女子プロレスラーの木村花さんがそうでした。木村さんはSNSの悪質な投稿に耐え切れず2020年5月に自ら命を絶ってしまいました。

さらに最悪なのは木村さんが自殺した後にもツイッター（現X）に、こんな悪質な投稿があったことです。

「あんたの死でみんな幸せになったよ、ありがとう」

まさに死人にムチ打つ行為です。皆さんもそうだと思いますが、この投稿を見た時「人間はここまでできるのか……」と大きなショックを受けました。人間には助け合いの精神がある一方、こうした残酷な側面も持っていますので注意が必要です。

いずれにしても、誹謗中傷的な投稿は無視するに限ります。こうした悪質な行為は、相手を傷つけるだけでなく、自身の幸運の芽も摘み取ってしまいますので、絶対にやってはいけません。

ちなみに悪質投稿した男性（複数）には略式命令が下りました。当然の報いですね。

サポートの評価には、常に二重丸をつけよう

宅配ドライバーさんと同様に、サポート・センター（コールセンター）のオペレーターさんも大変です。

今はメールでのサポートが多くなりましたが、以前は電話でのサポートが主流でした。特にパソコンメーカーはそうでした。パソコン初心者の頃は分からないことだらけで、メーカーさんに頻繁に電話をかけて教えていただきました。感心なのはほとんどのオペレーターさんが大変親切丁寧、また説明も上手で、とても分かりやすく教えていただいたことです。

それなのに、当時はあまり感謝の気持ちは湧いてきませんでした。

「こっちは顧客なのだから、それが当たり前」とカン違いしてそう思い込んでいたからです。今考えると、赤面の至りです。

さて、以前、とあるサポート・センターでアルバイトをしていた知人の女性から聞

いたことですが、一番困るのは何を聞きたいのか分からないのに電話をかけてくるカスタマーだそうです。

そういえば、私も初心者の頃は明確な質問もなく、いや、何を質問していいのか分からないままに電話を入れていたフシがあります。「相手はプロなんだから、しゃべっているうちに察して教えてくれるだろう」、くらいに安易に考えていたからです。これは大きな間違いです。やはり、質問が明確でない限り、絶対に電話をかけるべきではありません。お互いが混乱して時間の無駄になるだけだからです。


次に困るのが、電話口で威張るカスタマーだそうです。

やはり「こちらは客なんだから」という意識が強く、時に暴言を吐くこともあるそうです。今なら少しでも暴言を吐こうものなら、即出禁《できん》になってしまいますが、昔は「お客様は神様」的な考え方から、そう簡単に邪険にできなかったようです。

その女性は「サポートとはいえ、これほどのスキルを無償提供しているのに、分かっていないカスタマーが多い……」とこぼしていましたが、確かにその手のクレーマー的な人は未だにいるようです。**有償であっても、無償であっても、サポートを受**

けたら、きちんとお礼の言葉を述べるべきです。

それが社会人としての礼儀であり、マナーです。オペレーターさんが親切に対応してくれているのに、暴言を吐いたり、威張ったりするのは犯罪にも匹敵します。親切、利他の精神を標榜《ひょうぼう》する人は、特に気をつけなければなりません。

サポートに関して、もうひとつここで言っておきたいことがあります。

ご存じのように、会社によって違いますが、最近はメールでのサポートが主流になってきています。その際、メールで質問をするならば必ず宛名を書いてください。宛名も書かないで、いきなり質問をする人がいますが、これは間違いです。「オペレーターは宛名なんか気にしていない！」と言う人がいるかもしれませんが、気にしていなくても書いてあれば、嬉しいものです。私の場合は常に次のように書いています。

○○会社　サポート担当者様　御多忙中のところ恐縮ですが、以下の質問にお応えいただければ幸いです。

そして末尾に自分の名前を記しておきましょう。こうすることで、オペレーターさんも気分よく、そしてより丁寧にレクチャーしてくれるはずです。人によっては何のリアクションもないかもしれませんが、多くの担当の方は「このカスタマーは随分、礼儀正しい人だな……」と思って、「詳しく教えてあげよう」という気になるはずです。

というのも、サポート・センターにこんな丁寧なメールを送ってくる人は、滅多《めった》にいないからです。だからこそ効果的なのです。

そして返事があったら、必ずお礼の返信を入れましょう。その時には担当者の名前が書いてあることが多いので、名前入りでこう書きましょう。

○○会社　○○様
さっそくのご返信ありがとうございました。
お陰様で解決しました。助かりました。
今後ともどうぞよろしくお願いいたします。

伊達

「親切で返せば、必ず親切で返される」とは断言できませんが、そうなる確率は高いのです。

ビッグ・ファイブ――人間の性格の5分類

「今あなたはハッピーですか？　人生に満足していますか？」

答えが「イエス！」ならＯＫ。もし「自分の人生はなんとなく不運続きだよなぁ……」と思うようでしたら、何らかの対策を立てる必要があります。

人生で幸運に恵まれない理由はさまざまですが、ひとつには**人脈不足**が挙げられます。人生に不満足な方は、友達づくりに励まれてはいかがでしょうか。友達が増えてくると、必ず何らかの変化が表れてきます。まず、幸運に出会う確率が高くなります。というのも、**幸運は他人によってもたらされる**ことが多いからです。

ところで、心理学では人間の性格を5つに分けて**「ビッグ・ファイブ」（5大性格特性）**と呼んでいます。提唱したのはオレゴン大学の名誉教授ルイス・Ｒ・ゴールドバーグ博士です。その5因子とは、**①外向性**、**②協調性**、**③誠実性**、**④経験への開放**

性、⑤神経症傾向の5つです。

簡単に説明すると「外向性」は社交性。「協調性」は他人との協力、調和力。「誠実性」は良心、責任感。「経験への開放性」は好奇心、行動力。「神経症傾向」はストレス、不安感となっています。

どの因子にも高い、低いがありますが、この中で幸運に恵まれやすいのは、**「外向性」と「経験への開放性」が高い人**（あくまでも可能性）だと考えられています。その理由として、外向性が高い人は文字通り**社交性に富み、友達づくりが得意**だからです。このタイプは人を選ばず、誰とでもすぐに打ち解けることができます。その結果、**人脈の力で幸運に巡り合う確率が高くなる**わけです。

次に「経験への開放性」が高い人は、**好奇心が強いため、どんな所へも平気で首を突っ込んでいく傾向**があります。まさに「虎穴に入らずんば虎子を得ず」で、**宝物はリスクのある所に存在しますので、やはり幸運をゲットする確率が高くなる**わけです。

もちろん虎に食われる危険性も充分にあります。

ビッグ・ファイブは、単純に高ければいいというわけではなく、どの因子にもメリットとデメリットがあることに注意してください。

外向性と経験への開放性
——マエストロ小澤征爾の奇跡の秘密

２０２４年の２月、世界的指揮者の小澤征爾《おざわせいじ》氏が亡くなられました。彼はとても社交的かつ、好奇心が強く、気さくで誰にでも臆することなく話しかける人だったようです。言い方を換えれば**「親切をばらまく」のが得意だった**のです。ゆえに彼の周囲は、常に友達であふれていました。有名になってからはもちろんのこと、有名になる前からそうでした。ちなみに彼は外向性の高さゆえ、行動力が抜群でした。

彼が「マエストロ」（大指揮者）となるきっかけは、フランスのブザンソン国際音楽祭の国際指揮者コンクールに出場したことにあります。

彼は好奇心がとても強く、コンクールのことを知った瞬間、「ぜひこのコンクールに挑戦してみたい！」という思いが突き上げてきたと言います。そこで彼は今から約70年ほど前の１９５０年代に、貨物船で63日かけて渡欧しました。

この行動力からして、すごいですね。貨物船ということは、きっと旅費不足で働きながら乗っていたのだと思います。

ところが、無事ブザンソンに到着したまではよかったものの、そこで思いもよらぬ事態が彼を待ち受けていました。なんと手続きの不備で、彼はコンクールに出場できなくなってしまったのです。

ここからが彼の本領発揮です。さっそく彼は、親切をばらまいて友達づくりに励みました。具体的には持ち前の明るく粘り強い性格で、コンクール関係者を説得し始めたのです。しかし、敵もさるもの、なかなか首を縦に振ってくれません。

並の出場者だったら、この時点で諦めてさっさと帰国するところですが、彼は違いました。次に彼は日本大使館のドアを叩きます。担当者に、事情を説明して何とか出場できるよう頼み込んだのです。しかし日本大使館は消極的で、まったくラチがあきません。「万事休すか！」と思われましたが、彼は友達づくりをやめませんでした。

なんと今度は、アメリカ大使館のドアを叩いたのです。

アメリカ大使館には、音楽部なるものがあることを、以前友人から聞いて知っていたからです。担当者は女性でマダム・ド・カッサといい、なんでも昔ニューヨークの楽団でバイオリンを弾いていたといいます。つまり彼女は、音楽家でもあったのです。

そこで彼は、マダムに事情を説明して、「何とか出場させてほしい！」と頼み込みました。しかしマダムはあまりいい顔をしません。

「いくら私が音楽家出身とはいえ、大使館がそこまで口を出すのは越権行為なのでは……」

それでも彼は執拗《しつよう》に迫ります。すると、こわばっていた彼女の顔に次第に笑みが浮かんできました。しばらく考え込んだ後、マダムはこう彼に質問しました。

「あなたは優秀な音楽家ですか、それとも優秀ではない音楽家ですか？」

これに対し、彼ははっきりこう答えました。

「優秀な音楽家です！　多分、将来は」

これを聞いたマダムの手は、スーッと受話器に伸びていました。

かけた先はもちろん、ブザンソン国際音楽祭の実行委員会でした。これによって彼は、何とか指揮者コンクールに出場できることになったのでした。

コンクール出場者は総勢60名。その中から彼は難なく一次予選を通過し、そして本選会でも実力を発揮して、見事優勝の栄冠を手にしたのでした（『ボクの音楽武者修行』新潮文庫を参考に要約）。

「規格外の才能を花開かせたのは、やりたいことを絶対にやり抜く意志力、桁外れの行動力、そして愛すべき無鉄砲さだった」（朝日新聞のデジタル版）と評されたように、まさに彼の驚異的なまでの粘り、執念、行動力、そして熱意ある親切のバラマキ（友達づくり）が、功を奏したのです。

それにしても、アメリカ大使館のマダム・ド・カッサを味方につけたのは、値千金《あたいせんきん》のお手柄でした。なぜなら彼女の支援がなかったら、優勝どころか、出場することさえできなかったわけです。

まかり間違えば世界的な名指揮者・小澤征爾は誕生していなかったかもしれないのですから、運命の不思議を感じずにはいられません。

他人に気軽に話しかけよう

ビッグ・ファイブ理論では「外向性」と「経験への開放性」（好奇心の強い人）が有利だと考えられている、と先に述べましたが、まさに小澤征爾さんはその典型です。好奇心が強くなければ、あの時代（１９５９年は海外旅行など、夢のまた夢でした）にフランスのブザンソンまで行く人は、よほどの事情がない限り、そういなかったはずです。

26歳の若さで63日もかけて貨物船で渡欧するなんて、なおさらです。

それを示唆して、彼は自著の中で、こう述べています。

「まったく知らなかったものを知る、見る、ということは、実に妙な感じがするもので、ぼくはそのたびにシリと背中の間の所がゾクゾクしちまう」（同書）

この言葉に尽きると思います。**好奇心の強い人は新しいものに出会うとゾクゾクす**

るのです。ゾクゾクは一種の快感です。快感、刺激があるために、つい無謀な行動にも出てしまうのです。

そこへいくと「神経症傾向」の人は新しい刺激を嫌う傾向があり、内にこもりがちです。となると人との出会いも極端に少なく、幸運に出会う確率も低くなるわけです。

ただ、神経症傾向だからといって、不利なことばかりではありません。ここでは詳しく述べませんが、**感受性に優れていたり、几帳面さが必要とされる仕事に向いていたりなど神経症傾向ゆえに有利なこと**もたくさんあります。

とはいえ、大きな成功を手にし、大きな幸運をつかむためには、やはり他人との関わりは重要です。人前に出て行って、誰とでも気軽に話すことはとても大切です。

実は私も以前は神経症傾向が強い人間で、人前に出るのはあまり得意ではありませんでしたが、生き方・考え方を変えてからはある程度それができるようになりました。その結果、大きく前進することができたように思います。

昔は「沈黙は金」と言いましたが、今はその逆です。「沈黙は禁」であり、誰彼かまわず友達づくりに励む人が、たとえ一時的には周囲から敬遠されたとしても、結局女神のハートを射止めることになるのです。

無口な人、根暗な人にいきなり明るくなれと言っても難しいかもしれませんが、最初は上辺《うわべ》だけでもいいので、**意志の力で明るく振舞ってみてください。**

車の運転と同じで、最初はぎこちなくても、そのうちに慣れてきて、やがてスムーズに人と話せるようになるでしょう。そうなればしめたものです。そこから友達の輪がどんどん広がっていって、チャンスに巡り合える確率が高くなります。

夢の実現を目指す人は「自分は無口だから……」「引っ込み思案だから……」では通用しないのです。

作家や芸術家、職人などの特殊な仕事でしたらそれでもいいかもしれません。

しかし、ビジネスの世界で成功を目指すならば、人脈の輪を広げていくほうがやはり断然有利なのです。

第5章

人間関係をよくする8つのルール

ルール①
承認欲求を満たす

私たち先進国の人間は、飢餓状態に陥っています。

もちろん、物質的な飢餓ではありません。**精神的、心理的な飢餓**です。どういうことでしょうか？　アメリカの心理学者マズローの説いた「欲求階層説」を通してこれを説明してみましょう。

人間は根本的な**「生理的欲求」**（1＝水、食料、睡眠、排泄）から始まり、それが満たされると次の**「安全欲求」**（2＝危険から身を守りたい）に向かいます。さらに一段上の**「社会的欲求」**（3＝集団に属していたい。仲間と一緒にいたい）に向かい、それが満たされると、今度は**「承認欲求」**（4＝社会的に認められたい、ほめられたい）へ、そして**「自己実現欲求」**（5＝自分が満足できる自分になりたい）に向かうとされています。

確かに、生活実感として理解できますね。

3番目の社会的欲求とは、**「親和欲求」**のことです。人は生命維持の基本的欲求が満たされると、次に安全性を求めます。安全が確保されると、今度は親和欲求、つまり集団や仲間と交わりたい（ゆえに人に嫌われたくない）という欲求が出てきます。

さて、日本人のほとんどが、3番目までの欲求については、ほぼ満たされていると言っていいでしょう。ところが次の「承認欲求」（他人から認められたい、尊敬されたい）だけは、なぜか満たされていない人が多いのです。極論すれば、9割方そうです。

私たち人間は、他人や社会から認められたい、ほめられたいという想いが殊《こと》の外《ほか》強い生き物なのです。そのくせ天邪鬼《あまのじゃく》的なところがあって、他人の功績は絶対に認めようとしないところがあります。いや、認めないのではなくて、認めたくないのかもしれません。他人の功績を認めると自己重要感が低下して、みじめな気持ちになってしまうからです。

仮にあなたが平社員から係長に昇進したとしましょう。こんな場合、同僚や友人は口では「おめでとう……」と言ってくれるかもしれませんが、その実、内心では「なんだよ、そのくらいのことで。大げさだよ。ったく……」と毒づいているかもしれません。それが分かるだけに、あなたは心から喜べず、ますます飢餓状態に陥ってしまうのです。このような現象は巷《ちまた》には掃《は》いて捨てるほどあります。

＊資格試験に合格したので、意気揚々と友人に告げたら「ふ〜ん、そりゃ、そりゃ」と言うだけで「おめでとう、よかったな」のひと言もなかった。

＊個展を開いたが来てくれたのは家族、親せき、縁者だけで、知人、友人はパラリとしか来てくれなかった。たくさん案内状を出したにもかかわらず。

＊念願かなって本の出版に成功したが、誰も「すごい！」とは言ってくれなかった。「どうせ自費出版だろう」と陰口を叩かれた。

ケチなプライドは捨てなさい

いかがでしょうか。もしかしたらあなたも、一度くらいはこんな経験をされているかもしれません。そんな時はさぞ、「こんなすごいことをやったのに、なぜみんな無視するんだ！」と悔しい思いにかられたことでしょう。

しかし、残念ながらこれが人間のごく自然な反応なのです。

今も言いましたように、**他人を認めてしまうと、自己重要感の低下によって自分自身が落ち込んでしまうから**です。それが証拠に、自分で気づいていないだけで反対の立場に立てば、あなたももしかしたら同じような態度をとっているかもしれません。

基本的に、あくまでも基本的にですが、人間は親切である一方、そこに自分の利益がからんでこない限り、人の功績を喜べない生き物でもあるのです。

だからこそ**親切、気くばり、利他の精神が重要**なのです。親切、気くばりのある人に、幸運のギフトが舞い込むのはそのためです。

さて、もうお分かりだと思いますが、人を動かすには**相手を精神的な飢餓から救ってあげる**ことが大切です。そうすればあなたはひとり勝ちすることができます。誰もやらないことをやるからです。そのためにはまず、「他人の功績なんか認めたくない」などのケチなプライドは捨て去ることが肝心です。そして**相手の功績を大いに認めてあげてください。功績だけではなく、少しでもいいところがあったら、知人、友人、同僚をほめてあげましょう。**

反対の立場で考えてみてください。仮に同僚の誰かがあなたの功績（係長への昇進）を称えて、周囲にこんなふうに吹聴したとしたらどうでしょう。

「○○はすごいヤツだ。あいつなら昇進して当然だ。人柄もよくて、さっぱりしたヤツだから、みんなから好かれているよ、あいつは……」

現実にはここまで言ってくれる人は、なかなかいないと思います（だからこそ、これをやる人はひとり勝ちできるのです）。もしそんな人間がいたとしたら、あなたはその同僚のことをたちまち好きになってしまうはずです。

そしてその同僚が窮地に陥った際には、何とかして助けてあげたいと思うはずです。こうなるともう理屈ではありません。

どちらかと言うと人間は感情の生き物であり、理屈よりも感情で動きますから、**好感を持った人間の頼み事は少しくらい面倒でも「なんとかしてやりたい！」と好意的になるもの**です。

反対に自分に敵意を持つ人間の頼み事は、たとえそれが正当なものであっても「死んでも聞いてやるものか！」というネガティブな気持ちになってしまいます。単純と言えば単純ですが、これが人間のごく自然な感覚なのです。

ました。

社長だってほめられたい

セールスの世界で成功を収めたユダヤ系アメリカ人のR・ブラウンは、殊《こと》の外《ほか》人間心理に精通していました。彼は人間が名誉欲、権力欲の権化《ごんげ》であることを熟知していました。

ある年ブラウンは、アメリカのとある中堅食品メーカーへの売り込みを目論《もくろ》んでいました。彼には秘策がありましたが、その秘策を実行するためには、まず社長に直接会う必要がありました。

しかしその会社とはなんのコネもなく、体当たりするくらいしか方法はありませんでした。とりあえず電話をかけましたが、案の定何回かけても社長に取り次いではもらえません。そこでブラウンは直接会社に行って、玄関先で社長の出勤を待つことにしました。いわゆる奇襲作戦です。

一週間経ったところで、やっと社長の出勤に遭遇することができました。社長が車から降りるや否や、ブラウンは社長に近寄って行って、いきなりこう言いました。

「ご著書を拝読いたしました。深い感銘を受けました。つきましては内容のことで2、3お伺いしたいことがあるのですが……」

これがブラウンの秘策でした。実はこの社長は本を2冊ほど出版していたのですが、ブラウンはそれを熟読してこの日に臨んだのです。この作戦は大当たりでした。

幸運にもそれから数週間後に、ブラウンは社長と担当者の前でのプレゼンが実現したのです。

結果は……？　もちろん大成功！　プレゼンの前にも、ブラウンは著書のことで社長とあれこれ話したらしく、どうやらそれが社長の心を動かしたようです。

いかがでしょうか。普通だったら面識もない一介のセールスマンの話など、大きな会社の社長が直に聞いてくれるわけがありません。ところが現実に社長は、ブラウンの話をしっかり聞いてくれました。それも好感を持って。考えてみれば、これは奇跡に近い話です。

これは私の推測ですが、社長がブラウンの申し出を承諾したのは、内心、自著についての他者からの評価、称賛が欲しかったからだと思います。ビジネス上の実績をほめ称える人はいても、本や趣味のことまで称賛してくれる人は、おそらく周囲にはいなかったに違いありません。そこを突いたために、ブラウンは契約を成立させることができたのです。

並のビジネスマンは、だいたいこれの逆をやります。

相手の望むところは無視して、自分の欲するところばかりを主張します。今の例で言えば、本のことにはまったく触れないで、ただ自分の商品の素晴らしさだけを連呼して売りつけようとします。こんなやらずぶったくり的ビジネスが成立するわけがありません。

今も述べましたように、人は**精神的飢餓状態**に陥っていますから、その飢餓からレスキューしてこそ人は動くのです。それは大企業の社長であろうと、大学教授であろうと、高名な医学者であろうと、大物の政治家であろうと、大宗教家であろうとみな同じです。人間である以上「老若男女、大人も子供もほめられたい」のです。

ただ、ここで注意しなければならないのは、人は得意なことをほめられても、あまり反応しないということです。今は本当の美女であっても、男性が「おきれいですね」などと言ってはいけない時代ですが、それ以前に美女はそんなことを言われてもほとんど喜ばないはずです。そんなことは当たり前で、反吐《へど》が出るほど聞かされているからです。美女をほめるなら、美貌以外の面をほめるべきです。

「あなたはとても品性のある方ですね」とか「あなたは知的な方ですね」など、本人が気づいていない部分を取り上げることです。

同様にピアニストに「あなたは本当にピアノが上手ですね」と言っても、やはり反応しないはずです。ピアニストなら、ピアノがうまいのは当たり前だからです。それよりも「音楽家ってあまりしゃべらない人が多いのですが、あなたはトークもとても上手ですね。演奏にも感動しましたが、曲の合間のおしゃべりにも感動しました」と言えば、とても喜ぶはずです。

というようなわけでブラウンも、会社の業績をほめたからではなく、社長の著書をほめたから成功したのです。ただ、ブラウンは根拠もなくほめたのではなく、実際に著書の中に何点か啓発されたトピックがあったからだと述べています。

やはり根拠もなしで、ベタぼめはよくありません。

ルール②

他人を無闇に責めない

人間関係をよくしたかったら、ほめる以上に、相手を責めないことが肝心です。たとえ相手があきらかに間違っていたとしても、こちらに影響がない限り、責めてはいけません。そもそも**人間は間違いを犯す生き物**です。

ですので、いちいち指摘していたらキリがありません。それよりもいくらこちらが正しいからと言って、あまり責めたり、ののしったりすると、後で恨まれて報復されることだってありえます。

アメリカでの出来事です。一台の車が暗い場所でゆらゆらと揺れていました。なんと中でカーセックスをしていたのです。運悪く、そこへ警官がやってきて男に言いました。「何をやってるんだ、出てきて身分証を見せなさい！」

これに腹を立てた男は、警官に向けていきなり発砲しました。相手はギャングだったのです。こうして警官は些細なことで命を落としてしまいました。

この話は、デール・カーネギーの『人を動かす』（創元社）の中に出てくる有名な話です。驚くべきことは、のちの裁判でこの男が「自分は悪くない！　それどころか自分はいい人間だ！」と発言、主張したことです。

カーネギーはここに注目して**「人間は自分の過ちを認めない生き物だから、責めても意味がない」**としています。それどころか「盗人にも五分の理を認めてあげなさい」と言っています。

盗人（犯罪者）を認めるわけにはいきませんが、一理あるような気がします。狂犬はよく人に噛みつきますが、決して噛みつくことが悪いと思っているわけではありません。正義と言ったら言い過ぎかもしれませんが、きっと狂犬は狂犬なりの考えがあって、正しいと思って噛みついているのです。

人間もそうです。後ろめたいことでない限り、全部正しいと思ってやっているはずです。いや、たとえ後ろめたいことであっても、「これは仕方のないことなんだ」、あるいは「アイツのせいでこうなったんだ」と都合のいいように解釈して、自分を納得させてやっているはずです。

ところが第三者は相手の欠点や間違った言動には敏感ですから、つい指摘してしまいます。しかし、指摘されて「そうでしたか、申し訳ありませんでした」と認める人は、まず皆無です。それどころか、反発する人がほとんどでしょう。

顔に出さなくても「言ったな、この野郎」と内心思っているはずです。

時々車を運転していて、他車から「危ねぇんだよ！」とばかりにクラクションを鳴らされることがありますが、なぜかカチンときます。自分が正しかった場合はもちろんですが、悪かった場合でも「すいません」という気持ちより、「これくらいのことでいちいち鳴らさなくても……」という気持ちになります。事程左様に、人間は自分の過ちを認めない、いや、認めたくない生き物なのです。

江戸時代の笑話がこれを証明しています。なんでも人は、中が透明な2つの欠点の袋を持っていて、両方にヒモをつけて肩にかけているそうです。すると前と後ろに袋は分かれます。そして前は他人の袋で、後ろは自分の袋です。当然本人は前の袋しか見えませんので相手の欠点が丸見えです。そこで相手を糾弾するわけですが、これは大きな間違いです。なぜなら、自分も同じ欠点の袋を持っているからです。

ただ、自分の袋は後ろなので自覚できないだけの話です。

ちなみに欠点を指摘されても平気な人も中にはいます。

それは大物です。本物の大物は相手が間違いを犯したとしても、あるいは欠点を指摘されたとしても、それほど反応しません。反応するのは雑魚《ざこ》ばかりです。というのも、大物は自尊心が満たされているからです。自尊心の満たされている人は、ちょっとやそっとのことでは腹を立てないものです。

それを示唆して、作家のL・ギブリンの話に、こんなのがあります。

第一次世界大戦のさなか、兵隊が何らかのミスを犯し、それに腹を立てた上官が兵隊を怒鳴りつけました。ところがそこにいたのは兵隊ではなく、なんと将軍（ブラック・ジャックこと、パーシング将軍）でした。上官は青くなって、すぐに将軍に詫《わ》びを入れます。ところが将軍は平然とこう言いました。

「何でもないことだよ。キミ、私が少尉でなかったことを、幸運と思いたまえ……」

（『成功する人間関係』創元社・大庭隆訳参照）

将軍の言葉にもあったように、これが少尉（小物）だったら、上官は処分されたかもしれません。自尊心が満たされておらず、太っ腹ではない可能性が高いからです。

子供が大統領に訴えの手紙を出して、本人から直接手紙が返ってきて訴えが通ったというような話がたまにありますが、やはり自尊心の満たされている大統領だったからそれが実現したのです。もし中途半端な立場の人間に訴えても却下される公算が高いでしょう。

交渉では言動に注意しよう

私も含めて、一般人が他人の指摘に反発するのは、**自尊心の飢餓状態にある小物だからなのです。**

ビジネスでも個人的なことでも同じですが、相手と交渉する際には、最高幹部クラスの（自尊心の高い）人と交渉するのがベストです。といっても、そんな都合のいい環境が与えられる機会は滅多にありません。

ほとんどの場合、幹部クラスではなく、会社で言えば課長クラスとの折衝《せっしょう》になるでしょう。運よく彼らが太っ腹だった場合はラッキーですが、そうでなかった場合は――というよりもほとんどが太っ腹ではありませんので――言動には充分注意する必要があります。

以前、とある人物は売り込みに行って、信じられないような暴言を吐きました。相手の会社は、8階建て程度のビルの中に5つほど店舗を持っていたのですが、なんとその人物は経営者に向かって「なんでマッチ箱みたいな小さな店舗ばかり……」と言ったのです。一緒について行った人は青ざめたと言っていましたが、これで交渉がうまくいくわけがありません。事実、交渉は決裂してしまいました。当たり前ですね。暴言というよりはこれは侮辱です。

売り込みに行ってお願いする立場の人が相手を侮蔑するなんて、前代未聞の話です。この時、相手は著しく傷ついたことでしょう。出禁となることは間違いありません。

さすがにここまで言う人はいないと思いますが、弾みでつい口走ってしまうこともありますので、よくよく注意してください。**責められた相手、傷つけられた相手は二度とあなたに心を開きません。**これを忘れないでください。

ルール③　自慢話はしない

自慢する人は大方、**「自己重要感」が低下している人**です。あるいは成り上がった人に多いように思います。

自慢は、するほうは気分がいいかもしれませんが、聞かされるほうはたまったものではありません。それが単なる口から出まかせ（根拠のないもの）ならもちろんのこと、たとえ真実であってもあまり気分のよいものではありません。

以前、と言っても、30年以上も前のことになりますが、パチンコブームの時、パチンコ店（複数）を開いて大儲けした人がいました。仮にHさんとしておきますが、Hさんはブームに乗って、なんと十数億円もの大金を手にしました。

ちなみにHさんは中卒でした。お兄さんは大卒でしたが、食料品店を経営して、ほとんど儲かっていませんでした。そこでHさんは行く先々でこう吹聴しました。

「兄貴は大卒だけど、貧乏している。自分は中卒だけどこんなに儲かっている。土台、頭のいい奴は金儲けがヘタなのさ……」

単なる時代がよかっただけなのですが、本人は本気でそう思っていたようです。勢い、Hさんは、アタッシュケースに現金を詰め込んで、夜の街を闊歩《かっぽ》します。そこでキャスト（ホステス）にお金をばらまきました。

なんでも、「俺が5000万円用意しろと言うと、夜中でも銀行員が飛んでくる」と言って自慢していたそうです。こうした行為に、ホステスさんは「Hさんってすごい！」と言って、嫌悪するどころか大喜びでした。そりゃ、そうでしょう。Hさんが来るたびにチップが万円単位で入るのですから当然です。

ところが周囲の人々は、嫌悪感マックスでHさんを批判しました。

「嫌なヤツだ。あんなことして恥ずかしいと思わないのか。やはりバカのやることだ」

これは嫉妬も半分混ざっていると思いますが、当然の反応です。自慢はとにかく嫌われるのです。なぜか嫌われるのです。Hさんはいわゆる、世間で言うところの「成り上がり」です。成り上がりということは、それまで成り下がっていたわけですから、その反動で、ついこうした愚かな行為に走ってしまうのでしょう。

ちなみにHさんですが、その後パチンコ店が急増したことと、ブームが去ったことで経営が悪化し、最後には夜逃げしてジ・エンドとなってしまいました。行方は未だに分かりません。

余談になりますが、上智大学の名誉教授だった故・渡部昇一先生は、**成功は時代によるところが大きい。だから、決して実力を過信してはならない**と警告しています。

あの明治維新でさえ、時代の到来（江戸幕府の弱体化と黒船騒動）があったからであり、あれがなかったら西郷が来ようが、大久保が来ようが、龍馬が来ようが、なんの変化も起こらなかった（明治維新などトンデモナイ！）と断言されています。

Hさんも同じで、決して金儲けがうまかったわけではなく、単に時代がよかった（ブームに乗った）だけの話なのです。

自己重要感が低い人は要注意

話を戻しますが、同じように自己重要感の低下した人も、自慢が好きなようです。周囲に成功者や優秀な人物がいると、どうしても自己重要感が低下してしまいます。そこでそれを補うように、自慢話が始まるわけです。

「親戚に医者が3人もいる」「自分は○○の資格を持っている」「自分は○○家の末裔《まつえい》だ」「芸能人のあの人と知り合いだ」

これを、第三者を通じて聞かされた場合は、「なんだ、そうだったのか！」と素直に受け入れられますが、本人から直接聞いた場合は、

「それがどうした。自慢すんじゃねぇよ。ホントに嫌なヤツだ……！」と拒否反応が起きてしまいます。

本人は「どうだ、すごいだろう……」と思っているのでしょうが、逆効果です。

自慢したい気持ちは分かりますし、実際に私も若い頃は針小棒大《しんしょうぼうだい》に自慢したこともありますから、大きなことは言えないのですが、プチ自慢はまぁ、いいとして、**あからさまな自慢は絶対にやらないほうがいい**でしょう。

本人はそれをやることで自己重要感を上げようとしているのでしょうが、聞かされた相手は逆に自己重要感が低下してしまいますので、反感を買うだけです。端的に言えば嫌われてしまいます。

ルール④

人の悪口は言わない

居酒屋に行くと、他人の悪口が飛び交っている時がよくあります。他愛ないものから深刻なものまで、種々さまざまな悪口が飛び交っています。確かに人の悪口は、ストレス解消につながるのかもしれません。彼らを見ているとそれが分かります。声のトーンが高く（あるいは低く）、ある種の恍惚《こうこつ》感が見てとれるからです。

実際、心理学の研究でも、**人の悪口を言うと脳からドーパミン（快感ホルモン）が出て、ハッピーになる**ことが分かっています。言ったほうももちろんですが、聞いたほうもストレス解消につながり、健康面でもメリットがあると言われています。だからといって、あまり調子に乗って人の悪口を言わないほうがいいでしょう。

「うちの課長、結婚式のスピーチで上がっちゃってさ……」

「部長は奥さんに頭が上がらないんだってさ……」

この程度の、悪意のないものなら問題はないと思いますが、人を貶《おとし》めるような悪口は絶対に避けなければなりません。

「○○は女グセが悪くてしょっちゅう問題を起こしている。先日も自宅に女が押しかけてきて、大騒動だったんだって……」

「○○は大人しそうに見えるけど、犯罪歴があって、高校の頃は手がつけられない乱暴者だったらしいよ……」

この手の踏み込んだ悪口は絶対にタブーです。

部外者はそんな醜聞《しゅうぶん》を興味深く聞くかもしれませんが、言われた本人はたまったものではありません。それが事実であったとしても、本人の耳に入ればいたく気分を害します。ここで気をつけなければならないのは、その手の悪口はなぜか本人に伝わることが多いということです。

「3人知れば世界中」という諺《ことわざ》がありますが、世の中言いたがり屋さんが多いせいで、聞いた話（特にスキャンダル）を秘密にしておくことはとても難しいのです。

となればそこから拡散されて、やがて本人の耳にも入ります。

報復行動に出るかどうかは人にもよりますが、発信元が分かれば、相手は報復に出

るかもしれません。それが暴力でなくても、意地悪をされたり、逆にデマを流される
ことだってありえます。

悪口は尾ひれがついて拡散される

今私は「他愛のない悪口なら……」と言いましたが、他愛のないものであっても気をつける必要があります。というのも、拡散される時は尾ひれがつくことが多いからです。他愛ないことを言ったつもりでも、尾ひれがつくとトンデモナイ意味合いになって、結果として人を貶めることになってしまいます。

知人のYさんはある時、仲間のDさんにこんなことを言いました。

「Mさんって頭はいいんだけど、少し頑固なところがあってね……」

まったく悪意はなく、話の流れでつい軽い気持ちで言ったのですが、Dさんは尾ひれをつけてMさんに伝えました。

「Yさんがあんたのことを頑固でつき合い辛い嫌なヤツだって言ってたよ」

この時「頭はいいんだけど」は、端折《はしょ》られていました。これに腹を立てたMさんは、すぐにYさんに電話を入れて抗議しました。

「頑固でつき合い辛いなら、つき合っていただかなくて結構。もうあんたとは絶交だ！」

Yさんは必死になって弁明しましたが、相手は聞く耳を持たず、そのまま電話をガチャンと切ってしまいました。この例はまだ軽いほうですが、場合によっては大騒動につながることもありますので、他愛ない言葉であっても注意する必要があります。

まさに「口は禍《わざわい》のもと」なのです。

ところで、悪意があるのかないのかよく分かりませんが、スキャンダルを売り物にしている週刊誌等は少し、いやかなり問題だと思います。

有名人の不倫現場を写真入りで報道したりしていますが、報道というよりも盗撮ではないか、と首を傾《かし》げたくなるようなケースもあります。

確かに不倫は悪いことなのかもしれませんが、少なくとも犯罪ではありません。それよりも盗撮のほうがよほど重罪だと思います。

週刊誌だけではありません。昨今はＹｏｕＴｕｂｅやＳＮＳでも、名指しで人のスキャンダルを暴く動画が出回っています。これもとても危険な行為だと思います。

一見、正義感からなされているようですが、実態は自分の動画の再生回数を上げて収入を増やしたいから……、これが本来の目的だと思います。

そういえば、サウジアラビアの著名なジャーナリストが2018年に殺害された事件がありました。原因はやはりサウジアラビアの権力者を非難したことにありました。ロシアで殺害されたとされる反体制派指導者のナワリヌイ氏のケースも同じです。

さらに1988年に出版されたイスラム教預言者をテーマにした小説『悪魔の詩』の著者が2022年に何者かに襲われ重傷を負っています。本の内容に腹を立てたイランの指導者が、1989年に著者に「死刑宣告」をしています。1991年に、その本の日本語翻訳者まで殺害されています。

それがたとえ正義であっても、100パーセント相手が悪くても、**相手を批判すれば（悪口を言えば）報復される危険がついて回る**のです。よくよく気をつけてください。

さて、冒頭で「悪口は言うほうも聞くほうも快感……」と書きました。確かに酒席ではそうかもしれませんが、普段、社内や近隣で悪口を吹聴した場合は大変なことになります。即アウトです。

というのも、脳科学者の中野信子先生がおっしゃっているように、人間には「人の不幸は蜜の味」という一面がある一方で、無暗《むやみ》に悪口を言いふらす人間に不信感を募らせることも大いにあるからです。

そうなると「この人、ちょっとヤバイ」となって、距離をおく人が増えてますます敬遠されてしまうのです。

最後にもうひとつ、悪口のデメリットを挙げておきます。

悪口を重ねれば重ねるほど、それが宇宙の核心にインプットされて、やがて「不運のギフト」となって悪口を言った人に返ってくる可能性があります。

そんな愚に陥らないためにも、人の悪口はなるべく言わないことです。

どうしても言いたくなったら、信頼できる友人に限定して、サラッと言う程度にとどめましょう。その場合でも悪意ある悪口は決して言ってはいけません。

酒席では酔った勢いで、ついポロッと出てしまうことがあります。くれぐれも用心してください。

ルール⑤
「虚礼廃止」を真に受けないこと

すでに亡くなられましたが、評論家でジャーナリストの竹村健一先生が、ある著書で虚礼廃止を訴えてこんなことを言っていました。

「あんなもん、なんの意味もない。私は一切やらないことにしている」

虚礼とは形だけで心が伴わない儀礼のことであり、そういった行為、習慣をやめるのが虚礼廃止です。具体的には年賀状、暑中見舞い、お中元やお歳暮の贈り物などを指します。

なるほど、今の時代はその通りなのかもしれません。

しかし、しかしです。

本当にこれらの習慣をやめてしまっていいのでしょうか？　竹村先生の他にも虚礼廃止を訴える人はたくさんいます。私見ですが、インテリ層に多いようです。21世紀に入ってからはいっそうその傾向が強くなりました。確かに心の伴わない贈り物などは、あまり意味がないように思われます。ですので、私もどちらかというと虚礼廃止には一応——あくまでも一応ですが——賛成です。

だいたい年賀状だの、お歳暮だの、誕生日プレゼントなど、いちいち面倒くさくて仕方ありません。それに出費もかさみますし、何ひとついいことはありません。

でも、考えてみてください。確かに竹村先生のような大物ならそれでも問題はないと思いますが、私たちのような力も才能もない凡人が、虚礼を廃止して本当に大丈夫なのでしょうか。

ちなみに竹村健一先生は当時、出す本出す本が売れに売れて、出版社にとっては神様のような存在でした。そんな大物だからこそ言えた言葉だと思います。ここを勘違いしてはいけません。

これは気くばりにも通じますが、**やはり虚礼だとはいえ、私たち凡人は過度にならない程度に実践していく必要がある**と私は思っています。

前にもお話ししましたように、**人間は承認欲求の強い生き物ですから、それをすることで相手をほめ称えることにもつながる**からです。

小さな会社は別として、普通、社員が社長に歳暮を贈るなんてことは、あまりありません。ところが中堅企業の社員で毎年歳暮を社長に贈る人がいると聞いたことがあります。その社員は実力者でもないのに、なぜか昇進が早かったそうです。ここはやはり、気くばりの効用だと見るべきでしょう。嫌らしく感じる人がいるかもしれませんが、これが現実です。

社長は別に歳暮を欲しがっているわけではありません。ですので、歳暮自体を喜んでいるわけではありません。歳暮をもらったことで、承認欲求が満たされるから喜ぶのです。前にも述べました「社長だってほめられたい」と同じ図式です。

逆に社員に歳暮を贈る社長もいます。これは本当に驚きですが、資格の学校TACの何代か前の社長は、「これは!」という見込みのある社員や講師がいた場合、歳暮を贈っていたそうです。社長から歳暮をもらった社員や講師は、どんな気持ちになるでしょうか。容易に想像がつきますが、恐縮してモチベーションがグンと上がるはずです。そこを狙っているのかどうかは分かりませんが、こうした積み重ねが、会社の価値を高めていったものと思われます。

　年賀状にしてもそうです。

「今どき年賀状なんて、時代遅れだよ……」と言う人もいますが、私はそうは思いません。今でも年賀状は大きな意味があると思っています。虚礼も実礼も人間関係の潤滑油だからです。ただ、そこに自筆で何かひと言でも書かれていなければ、ほとんど意味がありません。**肉筆、つまりは人の気配がないと、感動は薄れる**のです。

　もっとも私の場合、今ではほとんど電子年賀状（メール）になってしまいました。それでも出さないよりはましだと思い、お世話になった人には毎年欠かさず出しています。不思議なことに、電子の場合、当然そこに肉筆はないわけですが、それでも何とか通用するようです。

　紙の年賀状に反対の人は、ぜひ電子年賀状を利用してみてください。送った相手から、意外に大きなリアクションが返ってくることでしょう。

「今日は無礼講」の言葉に注意

気をつけなければならないのは、会社が「わが社は今後、虚礼廃止を徹底する」と宣言した場合です。これを真に受けていいのでしょうか。ここは非常に難しいところですが、そのまま信用するのは少しばかり危険だと私は思っています。

ただし、会社がそう宣言している以上、中元や歳暮を中心とする物品を贈るのはやはりやめたほうがいいでしょう。問題は会社の慰安旅行などで、上司がこう言った場合です。

「今日は無礼講です。大いに飲んで楽しんでください！」

時々これを鵜呑《うの》みにして、上司とタメ口で話す人がいます。最悪の場合上司に絡む人までまれにいますが、これは危険ですので絶対にやめてください。

「だって、上司自身がそう言ってるんだから、何も問題ないんじゃないの？」

確かにその通りですが、**それはあくまでも建前です。**いや、もしかしたら本心なのかもしれませんが、それでもなぜかそういう場面に遭遇するとカチンとくることが結構あるのです。

考えてみれば、自分で言っておきながらおかしな話ですが、ここが人間心理の不思議なところです。

以前私は、取引先に提出するためにレポートを書いたことがありました。その際、少し不安になってスタッフに意見を求めました。

「忌憚《きたん》のない意見を聞かせてください。お世辞を言われても意味がないので、感じたことがあったら遠慮なく言ってください」

その際スタッフのひとりが「ここと、ここがおかしい」と言いました。

まさに忌憚のない意見です。自分が言ったことですので、文句はないはずなのですが、なぜかその時私は、ちょっぴり（?）「カチン」ときました。


自分でもびっくりしましたが、これと同じで、いくら無礼講だからと言われても、決して上司にタメ口を利いたり、絡んではいけないのです。

中には太っ腹の人がいて、暴言を笑い飛ばす人もいるかもしれませんが、そういう人は稀で、**ほとんどの人は（腹の中で）怒り出すと思っていたほうが無難です。**

ルール⑥

陰気な話は極力避け、明るい話をしよう

人と話す時、陰気な話は極力避けましょう。

例えば景気が悪い、具合が悪い、会社がやばい、子供がグレてしまった、夢も希望もない……などです。

これらのワードは、なるべく使わないのが賢明です。

本人は単に愚痴をこぼしているだけなのでしょうが、聞いている相手に不快感を与えてしまうからです。話の流れの中でサラッと話す程度なら問題ありませんが、深刻な顔をして長々と話すのは絶対にタブーです。

こんな陰気な話をされたら、誰でも一刻も早くその場から逃げ出したくなります。

これでは人間関係をよくするどころか、悪化させるだけです。

仮にあなたが、街で学生時代の友人とバッタリ再会したとします。互いに懐かしさがこみ上げてきて、近くの喫茶店に入って昔話に花を咲かせることになりました。

あなたはさっそく言います。

「どう、うまくやってるかい？」

これに対して友人は、次のように泣き言を言いました。

「いや、実は今大変なピンチでね。コロナ禍で勤務先の会社が倒産しちゃってさ。他に職を探してるんだけど、不景気のせいでいい就職先が見つからないんだ。家や車のローンもあるし、それに今度2人の子供が同時に大学に行くので入学金やらなんやらで入り用でね。まったくついていないよなぁ、こんな時に職をなくすなんて……。そんなわけでいま丁度金策に走っているところなんだ……。

えっ、女房はってかい？　あんなヤツ、今実家に入りびたりさ。3カ月ほど前に義理の父が倒れて寝たきりになってしまってね。それで病院でつきっきりで看病してるよ。まったく役立たずもいいとこだよ。

ま、そんなことはどうでもいいけど、それよりもどこか無担保で100万ほど貸してくれるところ知らないかなぁ……。なんとか世話してくれるとありがたいんだが。なんだったらキミでもいいんだけど……」

いくら学生時代の友人とはいえ、こんな泣き言を言う人間に対して、きっとあなたは不快感を覚えて逃げ出したくなるに違いありません。仮に同情の念が湧いてきたとしても、援助してやる気にはなれないでしょう。ちょっぴり同情しつつも、一刻も早くこの男とは別れたいと思うに違いありません。

明るい人間に人は魅かれる

これに対して、たとえ同じ状況にあっても、その友人が次のように言ったらどうでしょう。

「うん、確かに今我が家はピンチなんだ。でも大丈夫。いくら不景気だと言っても職がまったくないわけではないし、やる気になればどんな仕事だってあるしね。そうやって凌《しの》いでいれば、いつかまたきっといいことがあるさ。

えっ、子供が同時に大学入学で資金繰りが大変じゃないかって？　確かに。でも、子供たちもアルバイトで頑張るって言ってるし、皆で力を合わせれば何とかなるよ。きっと」

「うん、そうなんだ。義理の父の看病で、女房は実家へ帰ってて留守なんだ。本当に親思いのいい女房でね。女房のお陰だと思ってるよ。僕ら親子がここまで無事にやってこれたのは。とにかく前向きな明るい女性でね。まるで太陽のような存在だよ。彼女がいるだけで家の中が明るくなるんだから。

ところでキミ、覇気《はき》のない顔してるけど、何か悩み事でもあるのかい？　なんだったらボクに話してみてよ。事によったら相談に乗ってあげられるかもしれないから」

こんな風に言われたら、きっとあなたはこの友人を援助したくなるはずです。援助までいかなくても、職探しくらいは手伝ってあげたくなるはずです。

また、友人に対して「相当困っているはずなのに、それをおくびにも出さず明るく振舞って、なんてさわやかなヤツなんだ」と好感を持ち、これを機にこの男のことを少しは見直すに違いありません。少なくとも先のように「一刻も早くこの場から逃げ出したい」などとは思わないはずです。

このように、こちらの態度如何《いかん》では、相手の対応もまるっきり違ってくるのです。

よき人間関係を構築したいのなら、努めて明るく振舞うべきです。

苦しくても、明るく振舞う人が選ばれる

いま「こちらの態度如何で」と言いましたが、これを実践して大成功した人がいま

す。残念ながらすでに故人となりましたが、『津軽海峡・冬景色』『つぐない』『時の流れに身をまかせ』などのヒット曲で有名な作曲家の三木たかしさんです。

昔、テレビ朝日のバラエティ番組に「欽ちゃんのどこまでやるの！」という超人気番組がありました。主演は「欽ちゃん」こと萩本欽一さんです。

彼は当時、大変な人気を博しており、欽ちゃんの出る番組はどれも高い視聴率を獲得していました。ある時欽ちゃんが企画会議で、「出演中の３人の女性に唄を歌わせたらどうか？」と提案しました。

普通、提案してもすんなりいかない場合が多いのですが、欽ちゃんの発言ですので、すぐに通りました。さっそく、作詞家、作曲家選びが始まりました。

ところで、この企画に起用される作詞家、作曲家は、途方もなくラッキーだと言えます。欽ちゃんと番組の勢いに乗って、ある程度のレベルであれば曲の善し悪しに関係なくヒットする可能性が高いからです。

この時欽ちゃんは、迷わず三木たかしさんを選んでいます。

理由はたくさんのヒット曲を持ち、明るく、勢いのある作曲家だと欽ちゃんが判断したからです。この起用が当たり、リリースされた『めだかの兄妹』は思惑通りミリオンセラーを果たしたのでした。めでたし、めでたし、です。
ところが欽ちゃんのこの時の判断、「三木たかしは明るく勢いのある作曲家」は実は間違っていたというのです。

実は三木たかしさんは、『津軽海峡・冬景色』の大ヒットのあと、なぜか作品が何年も採用されずに困っていた、というのが実情だったのです。欽ちゃんはあとからこの事実を知り、それについて、月刊誌『プレジデント』(プレジデント社)の中でこう述べています。

「愚痴を言う人間は使わないの。それは自分の運命に負けてしまっている人で、もう立ち直れないから。また、不運が続いて気負っている人もダメ。気負いがあると失敗するの。『めだかの兄妹』を作曲してくださった三木たかし先生は、かつては『津軽海峡・冬景色』という大ヒットをつくった方だけど、この何年も作曲が採用されなくて困ってらしたんだって。だけど、それは『めだか……』をお願いして、それが大ヒットしたあとで聞いたのね。もし先生が困ってらしたことを知ってたら、ぼくは作曲を頼まなかったと思うの……」

いかがでしょうか。どうやら欽ちゃんは、困っている人、運の悪い人、愚痴をこぼす人は絶対に使わない方針だったようです。

困っている人というのは、つい気負いが出て、せっかく仕事を与えても失敗することが多いから、というのがその理由らしいのですが、ところが実際にはその困っている人である三木たかしさんを、この時起用しています。一体なぜでしょうか？

それは三木たかしさんが**勢いのある、明るい作曲家を装っていた**からです。

「装っていた」というのは少し語弊がありますが、三木たかしさんは**たとえ不遇の時でも、決して他人に嘆いたり、愚痴をこぼしたりする人ではなかった**ということです。それどころか、彼はそれを外に表すことなく、黙々と前向きに努力する人だったのです。その彼の**さわやかな態度**にほだされて、欽ちゃんはつい、三木たかしさんを選んでしまったということなのでしょう。

その後三木たかしさんは『めだかの兄妹』を機に、旭日昇天《きょくじつしょうてん》の勢いで音楽業界に君臨していくわけですが、これがもし彼がネクラで愚痴ばかりこぼす人だったとしたら、その後のグッド・ポジションは築けなかったかもしれないのです。

少なくとも、欽ちゃんには認められなかったでしょう。

逆境に遭遇した時、「なぜ自分がこんな目に……」と、往々にして外部にネガティブな感情を放出する人は多いです。しかし、そんなことをしても何にもならないばかりか、却って「不運のギフト」を引き寄せてしまいます。

人間関係をよくするためには、また「幸運のギフト」を獲得するためには、**たとえ現状が最悪だったとしても、努めて明るく振舞うことが大切なのです。**

ルール⑦
メールのやり取りは慎重にしよう

メールはとても便利なツールです。

私も以前は「わざわざ面倒くさいメールなんか打たなくても、電話で簡単に済むのに……」と思っていましたが、今ではすっかり変わりました。

確かに電話は肉声が伝わり、そこから感情も読みとれますから、とても素晴らしいツールなのですが、デメリットも結構あります。

相手に気を遣う、かける時間帯に配慮が必要、相手の時間を奪う、人によっては緊張する、などです。

特に最近の若い人は、親しい人以外の電話は苦手のようです。そこで現代は、圧倒的にメールが支持されているわけですが、とはいえメールにもデメリットはあります。

第一に、電話のように肉声ではないだけに、**感情が伝わりにくい**ということです。つまり、**誤解されやすい**のです。例えば次のようなメールを誰かに送信したとします。

こんにちは。先日お話ししたコンサートの件ですが、どうしますか？　もし参加希望の場合は、早めに言ってください。そうでないとチケットが取れなくなるかもしれませんので。よろしくお願いします。

相手が親しい友人だったら、これでもいいかもしれません。しかしそうでない場合はアウトです。目上の人にはもちろん、第三者でもこの文章はあまりよくありません。なんとなくつっけんどんに感じてしまうからです。これが電話なら、それなりに気を遣うでしょうから、抑揚《よくよう》である程度感情は伝わりますが、メールの場合は催促されたような気になって、人によっては不快感を覚えてしまうでしょう。本人にその気がなくても、そう誤解されてしまいます。では次のメールを読んでください。

（株）東京工業　営業部 営業課　課長　○○俊一さま
いつもお世話になっております。
さて、先日お伝えさせていただきましたコンサートの件ですが、いかが致しましょうか。もし参加ご希望の場合は、早めに伝えていただければ幸いです。というのも、先日会場に確認しましたところ、人気でチケットがあとわずかということでしたので、もしもの場合があってはいけないと思い、再度メールさせていただいた次第です。お手数をおかけいたしますが、どうぞよろしくお願いいたします。

○○信二

いかがでしょうか。これくらい丁寧に書けば、誤解される確率はほとんどゼロです。「会場に確認したところ……」ここがこのメールの重要なところです。わざわざ確認して、万一と思い再度メールを……、この部分があるために相手も「なるほど、そういうことか」と納得してくれるはずです。

メールに関する書籍はたくさん出ていますので、ここでは詳しくは説明しませんが、メール送信の際には次のルールをしっかり守ることが大切です。

◎必ず宛名を書く——時々宛名を書かないで送信する人がいますが、これは絶対にやってはいけません。目上の人の場合は会社名、肩書も入れましょう。

◎誤字脱字の確認――書き終えたら、すぐに送信しないで誤字脱字がないか確認してください。誤字脱字が多いと、相手から知性を疑われてしまいます。あまりにひどいと、不信感を抱かれてしまうかもしれません。

◎文章を推敲する――これも非常に大切です。書いた時は「いい文章だ」と思っても、あとで読み返すといくつかの不備に気づくものです。しっかりと練り直す必要があります。

◎送信先の確認――いざ送信！　その前に必ず送信先を確認してください。名字が同じで別の人をうっかり送信先にしてしまうこともあるでしょう。

メールソフトによっては、メール送信後に一定時間内に取り消す機能がありますが、やはり送信前の確認が何より大切です。

◎返信は早めに――メールを受信した場合は、なるべく早く返信しましょう。できたら30分以内、1時間以内、3時間以内、8時間以内、12時間以内を心がけましょう。どんなに遅くても24時間を超えてはいけません。メールを出すと不思議と、出したほうは返信が待ち遠しくなります。12時間を超えるとイライラし始め、24時間を超えれば気分を害する人も出てくるかもしれません。

◎迷惑メールフォルダをチェック――時々、返信メールが迷惑メールフォルダに入ってしまうこともありますので、返信が遅いなと感じたら、必ず迷惑メールフォルダをチェックしましょう。そこで見つかる場合も結構あります。

◎リターンメールに注意――送信しても相手に届かない場合があります。その場合はメール・サーバから「届きませんでした（英字）」というメッセージが自動配信されてきます。すでに体験済みだと思いますが、その場合はメールアドレスに誤りがないか確認し、すぐに別のメールソフトで出し直しましょう。

瞬時に送信できる、コストがかからない、夜中でも出せる、履歴も確認できるなど、メールにはたくさんのメリットがあります。

ただ1点、感情や気持ちが肉声よりも伝わりにくく、誤解を招きやすいツールでもありますので、そこは充分に注意してください。

ルール⑧
時には健全な自己主張もしよう

人間関係をよくするためのルールを、ここまで述べてきました。ただ残念ながら、これだけで人間関係がすべてうまくいくわけではありません。

逆説的ですが、優しさが仇《あだ》になることもしばしばあります。

すでに述べてきましたように、人に親切にすれば、されたほうは返報性のルールによってそれに報いたいという想いが普通は芽生えてきます。

ところが中には、逆にその**親切心、利他心を逆手にとってしまう、よからぬ人間もいますので注意が必要です。**

多分に精神的に歪んだ人間がそうなりやすいのですが、彼らは親切を施しても感謝するどころか、「与《くみ》しやすいヤツ」と考えて、逆に虐《いじ》めや搾取に走ることが結構あるのです。

例えば、その対象にされるのが教会です。

キリスト教の教会と言えば、優しい、親切、困った時はなんでも相談に乗ってくれる……そんなイメージがあることでしょう。

ところがそれをいいことに、時々とんでもない「搾取魔」が現れると、新宿のとある教会の牧師から聞いたことがあります。その手の輩の目的はただひとつ、金品です。「職を失い、郷里に帰るお金もないので、1万円貸してください」「財布を落として難儀している。3000円でいいから貸してほしい」場所柄もあって、酷《ひど》い輩になるとナイフをちらつかせて恐喝《きょうかつ》まがいに無心《むしん》する者もいるというのですから驚きです。ところがこの牧師は、食べ物は提供しても、金銭だけは絶対に渡さないそうです。

なぜなら一度金銭を渡すと、味をしめてまたやって来るからです。

この牧師は普段はとても優しい人柄ですが、「搾取魔」とは断固として戦うと、強い決意を示しています。

ここまではいかなくても、職場や学校の中にも、時々意地悪な人は存在するものです。そんな人がターゲットに選ぶのは気弱で、真面目で、自己主張をしない人が多いようです。

「ハエ」ではなく「ハチ」になる！

仮にあなたの悪口を、社内で言いふらす人間がいたとします。

その場合はどうしたらいいでしょうか？

とりあえず放っておくことです。

そのうちに収まるかもしれません。それでも収まらなかったら？　その後も虐めや嫌がらせが執拗に続くようでしたら、とても勇気のいることですが、あとは本人と話し合うしかありません。

ここで絶対に攻撃的になってはいけません。もちろん優しいあなたのことですから、そんなことはないと思いますが、それでも感情に流されて爆発しないとも限りません。あくまでも、「アサーティブ（発展的、協調的）」に話し合ってください。

実は職場がよほどブラックでない限り、精神的に歪んだ性質《たち》の悪い人間はほとんどいないものです。いるとすれば、ちょっぴり性格が悪くて、意地悪な人間だけです。

今はパワハラ、セクハラに対する目が厳しい時代ですから、万一度を越えた過激な人間がいたとしたら、とっくに追い出されているはずです。ですので、その手の人間をそんなに恐れる必要はありません。

反撃、反論されないからいい気になってやっているだけで、面と向かって少し反論されるだけで、相手は必ずひるむものです。経験上、私も実感しています。

ここで重要なことは、**決して相手を最後まで追い詰めないこと**です。

たとえアサーティブであっても、追い詰めると禍根《かこん》を残します。**どこかで相手に逃げ道をつくってあげる**ことが大切です。ここでの目的は「あくまでもあなたの言動に私は怒っている！」旨のことが伝わればいいのです。それで目的達成です。

そうなれば、今まで反撃力のない「ハエ」だとあなたのことを思っていた相手は、反撃力のある「ハチ」だと気づくことになり、自ずと虐め、嫌がらせも消えていくことでしょう。というのも、意地悪な人間であっても、自分に降りかかるトラブルはなるべく避けたいと思うものだからです。

「うるさいヤツだなぁ。ハエだと思っていたが、ハチだったか。これ以上やって上司に訴えられでもしたら面倒なことになるし、この辺で止めておくか……」となって、8～9割方の確率で一件落着するはずです。

それでも収まらなかったら？　もう一度抗議する必要があります。2度目は少し、詰問《きつもん》調にしてみるのも有効です。面倒くさくて勇気のいることですが、泣き寝入りしていると意地悪はいつまでも続きますので、ぜひ実践してみてください。

時には「自己主張」という戦いを

ヒガンバナは葬式花とも言います。なぜかと言うと、お墓の周りに咲いているからです。なぜお墓の周辺に咲くのでしょうか？

昔は、葬式は土葬が主流でした。するとネズミやモグラがやって来て、遺体を食べてしまうことがあります。そこで土葬されている周辺にヒガンバナを植えて、獣害を防いだのです。実はヒガンバナは球根に強力な「毒」を持っており、ネズミやモグラはその毒を嫌って、近寄らなくなるのだと言います。

しかし今でも、ヒガンバナはお墓の周辺に咲いています。火葬が主流の現代では不要なはずです。昔の名残で、今でもお墓の周辺に咲いて（植えて）いるのです。

ところで、なぜヒガンバナは毒を持っているのでしょうか？

その理由は、ヒガンバナには種がないからです。

もしネズミやモグラに球根を食べられてしまうと、二度と再生できなくなってしまうのです。それを防ぐために、ヒガンバナは球根に毒を備えるようになったのだといいます。いわゆる保障作用であり、自然のすごさを実感します。

前に登場していただいた、植物学者で甲南大学特別客員教授の田中修先生も次のように述べています。

「これによってヒガンバナは自分の身を守ってきました。バラにトゲがあるように、からだに毒やトゲをもつ植物は多くあります。植物は弱い存在のように思われますが、その奥でこうしてしたたかに命を守っているのです」（『植物のかしこい生き方』SB新書）

これと同じで、私たち人間も**のっぴきならない事態に陥った際には、立ち上がって戦う必要があります。**

ここで言う戦いとは**自己主張**です。いい意味での自己主張です。

この世は善人ばかりとは限りませんので、心ないネズミ人間やモグラ人間に襲われた時には、やはり**ある程度の毒を撒いて撃退する必要がある**のです。

ただし、絶対に攻撃的になってはいけません。あくまでもアサーティブを心がけてください。

第6章

「幸運のギフト」が近づいて来る9つのルール

ルール①

誠意の力

1980年代の話です。N子さんはタレント志望でした。

それだけに彼女は、素朴ながらチャーミングなところがありました。

とはいえ、少しくらいかわいいだけでは、そう簡単にタレントになることはできません。というのも、世の中、食べ物や生活様式が変わったせいか、日本人も徐々に欧米人のように垢《あか》ぬけしてきて、かわいい子、美しい子、スタイルのよい子なら、どこの都会《まち》にも結構いたからです。ましてや当時、彼女は地方に住んでいましたから、少しハンディがありました。

そこでN子さんは直接プロダクションの門を叩くのではなく、ある年「ミスヘアコロン・イメージガール・コンテスト」というキャンペーンガールの募集にエントリーしました。チャーミングだったせいか、N子さんは地元福岡の予選をあっさりと勝ち抜き、東京で行われる全国大会へと駒を進めました。

ちなみにこの大会の全国の応募者数は、なんと約5万5000人。幸運にも、その中の12人にN子さんは残ったのです。当然N子さんは、期待に胸を膨らませたことでしょう。ところが残念ながら、N子さんはこの大会で落選してしまいました。

この時、グランプリの栄冠を手にしたのは、水谷麻里という少女でした。優勝者がひとり、残りの11人はすべて落選。肩を落として故郷へ帰るしかありません。「また来年、頑張ればいいわ……」と思ったかどうかは知りませんが、申し合わせたように11人の女の子たちは付き添いの保護者とともに会場をあとにしました。

いや、厳密に言うと会場をあとにしたのは10人でした。

大手のプロダクションからN子さんに「あなたは本選に落ちたが、才能がある。タレントとしてうちでやってみないか！」と、お声がかかったからです……と言いたいところですが、そんな話はまったくありませんでした。

実はN子さんは、会場をあとにする前に審査員に**ひと言挨拶がしたくて、機会をうかがっていた**のです。これはとても賢い選択でした。

というのも、N子さんは付き添いの母親とともに、審査員の前まで行って**「今日は本当にありがとうございました」と深々と頭を下げた**からです。

彼女の名誉のためにも言っておきますが、決して彼女は下心があってそうしたのではありません。最終審査にまで残れたことが素直に嬉しくて、お礼が言いたかったのです。

言ってみれば**感謝と誠意**です。はからずも、後日、「幸運のギフト」が彼女のもとに届くことになります。

このN子さん母子の誠意ある態度に、関係者のひとりが心を動かされたのです。動かされたのは幸運にも、大手プロダクション（当時）のサンミュージックの副社長でした。この時の模様を、サンミュージックの故・相澤社長は、のちにこう述懐しています。

「落ちた後に、いわば用のなくなった人に対する、年齢に似合わないしっかりした対応が、居合わせた私たちの中に、新たな反応を呼び起こした（中略）。とうとう私の会社の副社長が『どうしても彼女の才能を試してみたい』と言い出した。結局、あらためて彼女に連絡を取って、歌手としてデビューさせることになったのである」（『人

気づくりの法則』相澤秀禎著・東洋経済新報社)

それにしてもすごいギフトですね。文字通り「神様からの贈り物」です。以後N子さんは、歌手としてタレントとして大活躍することになります。

ここで明かしますが、N子さんとは「のりピー」こと酒井法子《のりこ》さんのことです。

一時期は不祥事を起こして逮捕されてしまいましたが、現在は罪を償って復帰されて真面目に社会生活を送っていますので、あえて紹介させていただきました。

「関係ない」と決めつけてはいけない

さて、酒井さんはラッキーだったのでしょうか？　もちろんラッキーです。でもそのラッキーは、決して偶然ではありません。言わば彼女が引き寄せたラッキーだったと言っていいでしょう。それが証拠に、彼女のような行動を起こさなかった他の10人の出場者には、何の変化も起こらなかったからです。

なぜ起こらなかったのでしょうか？　言うまでもなく、酒井さんのように審査員に対して誠意を見せなかったからです。見せたところで、酒井さんのようになるとは限りませんが、とにかく酒井さんはこれをしたことによって思いがけない「幸運のギフト」をゲットしたのです。

「彼女は、礼儀、マナーの基本に忠実であっただけなのだ。そのことが、彼女の存在を落ちた十一人の中のひとりから浮かび上がらせたのである」（同書）

もちろん、彼女にタレントとしての才能があったことは否めません。

だからと言って、才能さえあれば、美貌さえあれば、世に出られるというものでもありません。そこにプラスアルファが必要なのです。酒井さんの場合は、それが誠意だったのです。

よくテレビドラマなどで「気持ちがあるのなら、誠意を見せてくれ」というセリフを聞くことがあります。形はどうあれ、誠意は人を感動、納得させずにはおかないのです。いや、人だけとは限りません。**諺に「至誠天に通ず」とある通り、時には神様の心を動かすことも可能なのです。**

世の中には利害関係がなくなるや否や、態度を豹変させて冷淡になる人がいますが、それは間違っていると思います。例えばそれまで上司や同僚に愛想がよかった人が、退職、転職が決まったとたん、急に無愛想になることがあります。あまり感心できる態度ではありません。

至誠が「幸運のギフト」に通じるのに対して、不誠実は「不運のギフト」に通じる可能性があるからです。人間の浅はかな理屈で「こいつはもう用なしだ！」と思っても、いつ、またどこでご縁がめぐってお世話になるか分からないものです。態度を急変させるのは、賢い人のやることではありません。

ニセの誠意が引き起こすもの

以前これにまつわることで、こんな話を聞いたことがあります。

資産家のMさんは、長男夫婦をとてもかわいがっていました。長男夫婦がMさんにとても献身的だったからです。ところがある年Mさんは相場に手を出して、財産の大半を失ってしまいました。ショックのあまり、Mさんは体調を崩して入院のやむなきに至ります。ここで異変が起こります。なんとそれを機に、長男夫婦の態度が一変したのです。Mさんの前に、一切姿を現さなくなってしまったのです。

一度だけ見舞いがてらに姿を現したものの、この時長男の口から驚くべき言葉が飛び出しました。

「相場なんかに手を出しやがって、クソじじい！　あんたのせいで俺たちの将来は滅《め》茶《ちゃく》苦《》茶《ちゃ》になってしまったじゃないか。どうしてくれるんだ！」

お分かりのように、長男夫婦の献身は財産目当てのニセの献身だったのです。Mさんはわが耳を疑いました。あまりの衝撃に体調をさらに悪化させてしまいました。

ここで活躍したのが、次男夫婦でした。

これを境に次男夫婦は病院に現れて、Mさんの面倒をよく看てくれました。特にお嫁さんは、まるで実の父に仕えるようにMさんを手厚く介護してくれました。しかし、手厚い介護の甲斐もなく、Mさんはその数カ月後に亡くなってしまうのです。

葬式が終わって数日が経った頃、顧問弁護士から遺族に招集がかかりました。次男夫婦はもちろんのこと、遺言書があるということで渋々長男夫婦も出席しました。弁護士が遺言書を読み始めると、一同から「おおっ！」とどよめきが起こりました。

実はMさんは、全財産を失ってはいなかったのです。

内密にまだ億単位の財産を保有していました。弁護士が最後の部分を読み終わったところで、さらに大きなどよめきが起こりました。最後の部分にこう書いてあったからです。

「半分を妻のR子に。あとの半分はA雄（次男）に譲る」

しかもご丁寧に「S夫（長男）にはビタ一文渡さない」と書いてありましたから大変です。その刹那《せつな》、長男のS夫が「うそだ、こんなのデタラメだ！」と言って弁護士に食ってかかりました。

しかし法的に効力のある遺言書ですから、なんともなりませんでした。こうして誠実な次男夫婦には思わぬ「幸運のギフト」がもたらされ、足元を見て豹変した長男夫婦には遺留分《いりゅう》のみで、入るはずの大金が羽をつけて飛んで行ってしまったのです。

下心のある誠意は、いつかは相手に見破られます。

また、それが「装い」であるだけに、長続きしません。無意識のうちにホンネが出て、化けの皮がはがれてしまいます。でも、**至誠、つまり本物の誠意は、それが心の奥から湧き出た純粋なものだけに、相手の心を揺り動かすことができる**のです。

次男夫婦に「幸運のギフト」が届いたのは、そのためです。

ルール② ―― 感謝の心

感謝には偉大な力が眠っています。感謝に関する偉人の言葉を紹介してみましょう。

「感謝の心が高まれば高まるほど、それに正比例して幸福感が高まっていく」
「苦労を語る前に、私はまず自分自身の幸運に感謝したい」

（松下幸之助：パナソニック創業者）

「不満はね、ストレスの素よ。感謝はエネルギーになるのよね」

（森光子：女優）

「現在の生活の状態、境遇、職業、何もかも一切のすべてを、心の底から本当に満足し、感謝して生きているとしたら、本当にその人は幸福なのである。心が積極的になれば、たとえ人生に苦難苦痛があろうと、心の力で喜びと感謝に振りかえることができる」

（中村天風：思想家）

「感謝の念は教養の結実である。粗野な人々の間には見受けられない」

（サミュエル・ジョンソン：イギリスの詩人）

「『感謝する心』は、人間社会のなかで心穏やかに生きる最高の発明品」

（斎藤茂太：精神科医・随筆家）

さらにニューソート哲学のロバート・シュラー博士は**「感謝なき人生に神の恵みはない」**と述べていますし、19世紀の思想家のラルフ・W・トラインにいたっては**「感謝の心は奇跡の源泉だ」**とも言っています。「超能力が宿る」と言う人さえいます。

お分かりのように「感謝」は単に道徳的なことだけではないのです。感謝の心には理屈では言い表せない不可思議な力が眠っているのです。

私は**「感謝の心」とこれから述べる「希望の力」「信念の力」は特に「幸運のギフト」を生み出す源泉だと思っています。**

私たちは健康で仕事も順調で、日々の暮らしがうまくいっている時は比較的簡単に感謝の心を持つことができます。でも、真の意味で感謝しなければならないのは、そういう快晴の日ではありません。何をやってもうまくいかず、苦しい立場に追い込まれた雨の日なのです。それも「どしゃぶりの雨の日」なのです。

この「どしゃぶりの雨の日」こそが、神様（宇宙＝大自然の摂理）が私たちに与えてくれた試練であり、心から感謝しなければならない時なのです。

なぜなら**その試練を超えることによって、私たちはより大きく成長できる**からです。逆に言うと、試練のない所に「幸運のギフト」は届かないのです。

イヤな出来事、辛い出来事に遭遇した時は、多少落ち込むのは仕方ないでしょう。しかし、いつまでも引きずっていてはいけません。涙を拭いて、気持ちを切り替えて**「運命改善のいいチャンス」**だと思って、感謝するクセをつけましょう。その都度その想いが宇宙に刻印されていって、やがてすべては解決の方向へ向かうはずです。

小林正観氏が提唱する「ありがとう」の奇跡

感謝の心をひと言で表すと、「ありがとう」になります。

潜在能力研究家の小林正観氏は、その「ありがとう」を唱えることで大きな幸運が引き寄せられると提唱しています。小林氏は次のように述べています。

「ただ事実を事実として突き詰めていくと『ありがとう』という言葉が奇跡を生む言葉だと分かってきたんです。ありがとうを唱え続けていると人生のステージが変わります。年齢×1万回のありがとうを唱えることで自分がこうなってほしいと思うことが実現することがあります。2万回を超えると、妙な現象が降ってきて、なんでこんな現象が起きるのだろうと思っていたら、家族や友人がそう願っていてくれていたことが分かる。これが第二ステージです。3万回を超えて第3ステージになると、自分も考えたことがないおもしろいことが、いきなり降ってくるようになります」（『致知』致知出版社）

この小林正観氏の言葉に従って「ありがとう」を実践して大きな幸運を引き寄せた

人はたくさんいます。小林氏は、ここで**「何度でも感謝しなさい」**と言っているのだと思います。

科学も実証！　感謝で心身が蘇る

感謝を実践していると、健康の維持や病気の回復にも効果があると言ったら、あなたは驚かれるでしょうか。以前私は、日蓮宗系のある僧侶とこんな話をしたことがあります。

「ご住職はよく『感謝の心が大切』と言われますが、どうなんでしょうか。感謝の有無によって人生に違いというか、何か影響が出てくるのでしょうか」

「もちろんです。大きな影響があります」

「具体的にはどんな？」

「まず健康です。健康に大きな違いが出てきます」

「その辺のところを、詳しくお話しいただけないでしょうか」

「私どものお寺にはさまざまな悩みを抱えた方たちが相談にやってきます。中でも慢性病や神経系の病気で悩んでいる人たちが随分います。

そういう人たちの話を聞いてみますと、いちように感謝の心に欠け、自分の不幸はすべて他人や環境のせいだとする人が多いのです。そこで私はそういう人たちに、分かりやすく諄々《じゅんじゅん》とお話ししていきます」

「なるほど……」

「『みなさんはこの世に人間として生まれました。ただ、それだけでも幸運なことなのです。ましてや豊かな日本に生まれました。物質的にも環境的にも恵まれています。これはもう、幸運中の幸運です。当たり前のように思っているかもしれませんが、そのお陰で一度だって食事に事欠いたことはないでしょう。また、発達した交通網のお陰で、スムーズに移動することができます。今日ここまで来るのに、3時間かけて歩いてきたなどという人は多分いないでしょう。それほど私たち日本人は恵まれた環境にいるのです。

ただ、恵まれ過ぎて慢性化し、自分がいかに幸せであるかを忘れてしまっているのです。そのため愚痴っぽくなり、不平不満を言い、心が荒廃して慢心が強くなっているのです。ここらあたりで原点に戻り、謙虚になって感謝の心を育んでいく必要があるのではないでしょうか……』

このようなお話をしますと、中には涙ぐんで心から反省する人がいます。不思議なことに、そういう人は驚くほどの早さで病気が回復していきます。これには私自身驚かされます」

こういった一連の現象について、日本綜合医学会会員の原崎勇次氏は、次のようにコメントしています。

「よく聞く話だが、信仰によって病気が治った、健康が保てるという。これはほとんどの宗教が説いているように『すべてに感謝せよ』という感謝の念が、新しい皮質の煩悩を捨てさせ、自律神経のバランスがとれ、体をアルカリ性にさせるためである」

また、同じように、医学博士の楠原久司氏も「感謝の心が生じて感激すると、網状組織内皮細胞が動き出して病原菌を食いつぶし老廃物を排泄させるようになる」と述べています。

いずれにしても、**感謝の心には大きな奇跡が潜在している**ようです。

そこで人生を開くためにも、健康維持のためにも、次のような文言を朝晩、心の中で唱えることをお勧めします。

スマホなどに録音して、通勤の合間などのスキマ時間に聞くのも効果的でしょう。

＊ありがとうございます（3回）。
＊この世のすべてのモノに、人に、事《こと》に感謝します。
＊朝、目覚めたことに感謝します。
＊太陽に感謝します。
＊食事を与えられたことに感謝します。
＊今日の仕事に感謝します。
＊健康に感謝します。
＊病に感謝します。
＊家庭に、会社に、学校に感謝します。
＊家族に感謝します。
＊両親に感謝します。
＊妻（夫）に感謝します。
＊肉親に感謝します。
＊知人、友人に感謝します。

＊意地悪な人にも感謝します。
＊不当な仕打ちを受けたことに感謝します。
＊人からバカにされたことに感謝します。
＊自分の長所に感謝します。
＊自分の短所にも感謝します。
＊晴れの人生に感謝します。
＊逆境の人生にも感謝します。
＊今日1日無事に過ごせたことに感謝します、感謝します、感謝します。
＊周りの人や出来事に期待する前に、私はすべての人や出来事に感謝を捧げます。
＊ありがとうございます（3回）。

ルール③ 希望の力

ギリシャ神話に、希望に関するこんなエピソードがあります。有名な神話ですのでご存じの方も多いかもしれませんが、教訓に満ちた素晴らしい神話ですので、あえて紹介させていただきます。少しアレンジしています。

遠い遠いその昔、ギリシャ神話の神ゼウスはとても怒っていた。

その理由は、人間には隠しておいた天上の火を、プロメテウスが盗んで人間に与えてしまったからだ。

ゼウスは人間に復讐しようと、ヘファイストスに命令して、泥から人間の女性をつくらせた。その女性がパンドラで、それはそれは美しかった。

プロメテウスの弟エピメテウスは、そんな美しいパンドラに恋をし、やがて2人は結婚して地上で暮らすようになる。

地上に降りる際、パンドラはゼウスから渡された黄金の箱も一緒に持っていった。

パンドラは思った。

「箱の中には金銀財宝がいっぱい詰まっているに違いないわ……」

しかし、ゼウスから「この箱は絶対に開けないように」と言われていたので、中を見ることはできなかった。

その後2人は地上で平和に幸せに暮らしていたが、ある日退屈したパンドラがついに言った。

「箱の中を見てみたいわ。開けて」

夫のエピメテウスは反対したものの、パンドラが「開けてくれないなら私死んじゃう……」と言ったため、仕方なくエピメテウスは箱を開けた。

次の瞬間、大変な事態が発生した。

なんと、この世のありとあらゆる厄災が「待ってました！」とばかりに、一斉に箱から飛び出したのだ。

入っていたのは金銀財宝などではなく、人の悪意（妬み、怒り、虐め、恨み）をはじめ、事故、事件、病気、火事、自然災害、戦争などの、地上のあらゆる不幸だったのだ。

２人があわててフタを閉めようとしたその時、

「ちょっと待って、まだ閉めないで！」

と中から少女の声がした。

「誰なの？」

パンドラが恐る恐る聞くと、少女は応えた。

「私は希望よ！」

以来、地上の災いのそばには、常に希望が寄り添うようになった……というお話です。この神話は、次のことを私たちに教えています。

「この世は理不尽で自由のない苦しみの世界ではある。だが、希望さえ捨てなければ、必ず救いの道があり、夢は実現する」

まさにその通りだと思います。

希望は病魔にも打ち勝つ

今も言いましたように、この世は基本的に辛いこと、悲しいこと、苦しいことのオンパレードです。もちろんいいこともありますが、なぜか長続きしません。少しいいことがあったかと思えば、すぐに邪魔が入ってつぶされます。

結局、思い通りにならないのが人生なのかもしれません。何しろ、パンドラの箱からありとあらゆる災厄が地上に飛び出したのですから、無理もありません。

しかし、救いはあります。それが**「希望」**です。

どんな最悪の事態に陥ろうとも、たとえ命の危険に瀕しようとも、希望さえ捨てなければ、多少の時間のズレはあっても、必ず道は開かれるのです。

西洋の諺にあるように、**「希望は希望を探し求める人の前に現れる」**のです。

第2次世界大戦下、ナチスによって強制収容所に送られたユダヤ人は、虐殺されて命を落とす以外にも、劣悪な環境に耐えきれずにバタバタと亡くなっていったといいます。

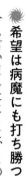

ところが不思議なことに、「こんな人が……」と思うような衰弱して今にも死にそうだった人が生き残り、生還した例が少なくないといいます。

そうした生還者は、地獄の責め苦の中にあっても、**決して希望を捨てなかった人たちでした。**世界的ベストセラーとなった名著『夜と霧』で有名な精神科医のフランクルによれば、**自由への強い希望を持った人たちは、強制収容所の地獄の責め苦に耐え抜いて、見事生還した**といいます。

ガン病棟にしても然りです。ガンや難病を克服して生還する人は、決まって強い目的意識や希望を持った人たちだと、医師たちは口を揃《そろ》えて言います。

このように、希望が人生にもたらす恩恵は計り知れないほど大きいのです。

太陽は平等に輝く

聖書にも希望に関するこんな言葉があります。

「神は私たちの避けどころ、私たちの砦《とりで》。苦難の時、必ずそこにいまして助けてくださる」（詩編46編2節）

なんと心強い言葉でしょう。苦難の時、逆境の時、必ず神様がそこに現れて私たちを救ってくれるというのです。私たちにとって、これほど心強い言葉はありません。

ところでこのありがたい聖句ですが、何もユダヤ教徒やキリスト教徒のみに贈られた言葉ではありません。クリスチャン以外の仏教徒や無宗教の方たち、その他一般の方たちすべてに贈られた言葉です。

理由についてはややこしくなるのでここでは述べませんが、あえて言うならば神様は特定の信仰者だけを偏愛するなどという、そんなちっぽけで不公平な存在ではないからです。

太陽が悪人、善人にかかわりなく平等に照らすように、神様も救いを求める者にはクリスチャン、仏教徒、無宗教者に関係なく手を差し伸べてくれるのです。

ただ、いくら太陽が平等に照らすとはいっても、カーテンを閉めてしまう人にはせっかくの陽光も届きません。

これと同じように、神様といえども心のカーテンを閉じてしまう人、つまり危機に際して絶望してあきらめてしまう人には、やはり手を差し伸べようがないのです。

では、どうすれば神様からの援助を得られるのでしょうか。

クリスチャンならまずは祈ることですが、その他にも「希望」というキー・ワードがあります。

英語では「NEVER GIVE UP HOPE」です。

これを直訳するとこうなります。

「どんな最悪な事態に陥ろうとも、決して希望を捨ててはいけない」

そうです。

どんな最悪の事態に陥ろうとも、たとえ命の危険に瀕しようとも、決して希望を捨ててはいけないのです。**希望さえ捨てなければ、時間のズレは多少あっても必ず事態は好転してくる**からです。

もう一度言いますが西洋の諺にあるように、ズバリ「希望は希望を探し求める人の前に現れる」のです。

これを肝に銘じてください。

ルール④
信念の力

信念とは文字通り、**「信じて念じる」**ことです。

誠意、感謝、希望と同様、信念が強いと「幸運のギフト」を引き寄せる確率が格段に高くなります。

まずは実際にあった奇跡の例を紹介してみましょう。

「さあ、やっと仕事が終わった。いよいよこれでカリフォルニアに帰れる！」

ラルフ・フローレスさん（当時42歳）は、数週間にわたる仕事を終えて、カナダのユーコン地方から、自宅のあるカリフォルニアへ帰るため、自家用のセスナ機に乗り込みました。１９６３年の2月4日、早朝のことでした。

隣の助手席にはもうひとり、ニューヨーク工科大の女子大生ヘレン・クラーベンさん（当時20歳）が乗っていました。ヘレンさんはニューヨークの大学へ戻るため、フローレスさんに頼み込んで同乗させてもらったのでした。

ユーコンのとある町で給油したあと、フローレスさんたちの乗ったセスナ機は、大空に向かって勢いよく離陸しました。

久し振りにアメリカへ帰れる嬉しさからか、機内での2人の会話はことのほか弾みました。

「ヘレン、ニューヨークへ帰ったら真っ先に何をするんだい？」

「そうね、とりあえず大学の図書館へ行ってみたいの」

「ほう、勉強かい。そりゃ見上げたもんだ」

「ううん、違うの。ちょっと調べたいことがあるだけ。フローレスさんは？」

「ボクかい。そうだなあ、ボクはやっぱり教会かなあ。ハハハハ……」

ところがそんな楽しい会話とは裏腹に、それからしばらくしてカナダ山の上空に達したところで、突如猛吹雪がフローレスさんたちを襲いました。

そして哀れにもセスナ機は、そのまま山中に墜落してしまったのです。

長時間無線が途絶えたということもあって、カリフォルニアの着陸予定の飛行場では、すぐに異変に気づきました。

「応答がありません。おそらくカナダ山のどこかに墜落したものと思われます。すぐに捜索隊を派遣してください！」

こうして捜索隊が結成され、すぐさま墜落したと思われるカナダ山中を中心に捜索が始められました。ところが、それから1週間経っても2週間経っても、飛行機は見つかりません。

「この吹雪だ。もう駄目かもしれんな……」

「いや、そんなことはない！　必ずこの辺りに墜落したはずだ。もしかしたら遭難者はまだ生存しているかもしれん。手分けして探し出すんだ！」


さらに2週間が過ぎました！　それでもセスナ機はまったく見つかる気配がありません。そのため、3月4日（捜索から約4週間後）、とうとう捜索は打ち切られてしまいました。なぜ打ち切られたのでしょうか？

彼らが食料を積んだ形跡がなかったうえに、カナダ山は夜になると零下40度にもなる極寒の地であり、到底4週間も生きていられるはずがないというのが、捜索打ち切りの理由でした。ところが驚いたことに、その時２人は、まだ生存していたのです。墜落時に、多少のケガはあったものの、幸運にも２人は、ほとんど動ける状態で生存していたのです。

「ヘレン、大丈夫かい⁉」

「は、はい。大丈夫です。それよりもフローレスさんは⁉」

「大丈夫だ。ボクはこの通りだ。元気を出すんだ。一両日中に、必ず捜索隊がやって来るはずだ。それまで頑張るんだ！」

事実、墜落２、３日後には捜索隊はやって来てはいますが、残念ながらその時は彼らを見つけ出すことはできませんでした。この時２人が持っていた食料は、少しの果物と魚の缶詰２缶だけでした。これを少しずつ食べながら、そして足りない分は雪を食べて、２人は救助隊を待ちました。

そんな状態で１週間、２週間と過ぎていきましたが、捜索隊が来る気配はまったくありません。

「フローレスさん……、捜索隊は来ないみたい。私たちどうなっちゃうのかしら。もしかしてこのまま死んじゃうの!?」

そんな動揺するヘレンさんとは対照的に、フローレスさんはなぜか終始堂々としていました。

「ヘレンは今、自分を頼りにしている。そんな自分が弱音を吐いたら、ヘレンは動揺してこのまま駄目になってしまうかもしれない……」

そんな気遣いゆえの言葉だったのかもしれませんが、ただそれだけではありません。

他にもっと大きな理由がありました。実はフローレスさんは、敬虔なモルモン教の信者だったのです。

この時フローレスさんは、**「神が絶対に自分たちを助けに来てくれる！」**と、固く信じていたのです。

フローレスさんは、そのことをヘレンさんに告げて励まします。

「ヘレン、大丈夫だ！　絶対に救助隊はやって来る。神様がボクたちを見捨てるわけがない！」

そう言って、フローレスさんは「モルモン書」（モルモン教の聖書）を取り出し、ヘレンさんにも一緒に朗読するよう勧めました。その日から2人は、聖書三昧の日々を送ることになります。とはいえ、フローレスさんも人の子、飢えに加えて夜は零下40度にもなる極寒です。やはり内心は不安だったに違いありません。その不安を打ち消すかのように、2人は祈りました。必死になって祈りました。

「おお、神よ！　どうか、どうか私たちをお救いください！」

捜索が打ち切られてから、さらに3週間が過ぎました。

1963年3月25日！　その日、とある1機の飛行機がカナダ山の上空で雪面に書かれたSOSの文字を偶然発見しました。

パイロットが言いました。

「おい、下を見てみろよ。なんか書いてあるみたいだぜ……！」

すると助手席に座っていたもうひとりの男が言いました。

「S……、O……、S……!?　おい、あれは救助信号だ！　もしかしたら先月遭難したセスナ機の生存者じゃないのか！　すぐに管制塔に連絡をとって、救助隊に来てもらおう」

2人の神への祈りが通じたのでしょうか、こうして2人は墜落から7週間ぶりに奇跡的に救出されて、無事生還を果たしたのでした。

それにしても飢えと極寒の中で、7週間も生き延びたということ自体、まさに奇跡と言う他ありません。

いったい彼らに何が起こったのでしょうか？　これは単なる偶然なのでしょうか。それともなんらかの力が働いて、必然的に起こった出来事なのでしょうか？

もちろん答えは後者、つまり必然である可能性が高いと考えられます。なぜなら、この事例は、偶然にしてはあまりにも出来過ぎだからです。確率の法則に完全に反しています。

雪がクッションになったのかもしれませんが、墜落した時によく2人は命を落とさなかったものだと不思議に思います。

高度にもよるのでしょうが、雪山とはいえ普通は墜落したらそのまま死につながるケースが大半のはずです。よくても大ケガをして、身動きができない状態に追い込まれるのは必至でしょう。

ところが彼ら2人は、命を落とすどころか、かすり傷とは言いませんが、雪面にS

ＯＳの文字が書ける程度のケガで済んでいるのですから、まさにラッキーとしか言いようがありません。

その点は百歩ゆずって偶然だったとしても、問題はそのあとです。

つまり、そのあとの食料不足と零下40度にも及ぶ極寒に、いかにして2人が耐えられたかという点です。

いや、食料不足などという生やさしいものではありません。彼らはあの時、少しの果物と魚の缶詰をわずか2缶しか持っていなかったのです。加えて、耐寒装備も何も持っていなかったことも判明しています。

そんな極限状態の中で、なぜ2人は7週間も生き延びることができたのでしょうか？　考えてもみてください。

真冬の札幌がいくら寒いとはいえ、せいぜい零下10度前後でしょう。

その程度の寒さでさえ、耐寒装備もなく外で過ごしたら、おそらく2、3日で凍死してしまうでしょう。

ところが彼らは、飢餓に加えてそれよりも30度も低い零下40度の極寒を、7週間も生き延びているのです。日数に直すと、約50日です。常識ではとても考えられません。まさに奇跡としか言いようがありません。

では、何が2人に起こったのでしょうか？

もうお分かりでしょう。実はモルモン教の神様が彼らを救ってくれたのです。

「ええっ、まさか……!?」

見てきたように、フローレスさんはモルモン教の熱心な信者でした。そのためフローレスさんは、「神が絶対に救ってくれる！」「信仰深い自分を、神が見捨てるわけがない！」、そう信じて疑いませんでした。ヘレンさんを巻き込んで毎日、神様に祈りました。それが功を奏したのです。これを見たモルモン教の神様が、ついに2人に救いの手を差し伸べてくれ……、と言いたいところですが、実は違います。

確かに、彼らの強い信仰心が救いに関与していることは間違いありません。でも別にモルモン教の神様が手を差し伸べてくれたわけではありません。

実は彼らはモルモン教を通り越して（いや、通してと言うべきか）**宇宙の核心にア**

タッチメント（情緒ある深い愛着）をしたのです。

つまり、2人の**「神様は絶対だ！」という強烈な信仰心が、2人に生きる勇気と希望を与え、それによって身体的にも何らかの変化を生じさせ、今回の奇跡（生還）につながった**のです。

にわかには信じがたい話ですが、これは実話です。

太陽が西から昇るなんて⁉

私たちは常日頃、常識という枠の中で生活しているため、少しでも突飛な出来事にはすぐに拒否反応を示す傾向があります。

常識の枠を少し外れただけで、すぐに、

「それは無理だ！」

「そんなことができるわけがない！」

と、やりもしないうちから決めつけてしまう人がたくさんいます。

本当にそうでしょうか。常識外れのことは本当にダメなのでしょうか。

私はそうは思いません。抱く夢が大きくても常識外れでも、それを「I　CAN」

と考えることができれば、どんなに難しいことでも必ず成し遂げられると私は確信しています。

アメリカのニューソート哲学の第一人者、ロバート・シュラー博士は、この肯定的な考え方、つまり信念の重要性について、次のように述べています。

「太陽が西から昇る、というようなことがありうるだろうか？　そんなことを目撃できるだろうか？　ちょっと考えただけで『ノー』という答えが返ってくる。しかし、**信ずれば不可能も可能となる**……！」

シュラー博士はある年、宗教関係者の会議のためヨーロッパに滞在していました。緊急連絡が入り、博士は重要な用件のためすぐさまワシントンへ飛ばなければならなくなりました。時間に間に合わせるために、今は引退しましたが、時速2400キロの超音速旅客機のコンコルドを利用することになりました。

定刻にパリを飛び立てば、美しい日没のパリの風景が見られるはずでした。ところがアクシデントで出発が午後9時に遅れたため、心待ちにしていたパリの日没は見られなくなってしまいました。博士は嘆きます。

「なんてことだ。もう外は真っ暗だ。せっかくの日没のパリを見損なった！」

しかし、**奇跡が起きました。**

少し飛んだところで、博士は西の空に太陽が昇るのを見たのです。それはまるで、日没のリプレイを見ているようだったと語っていますが、楽しみにしていた日没の美しいパリを、博士はこの時思いがけず見ることができたのです。

つまり、こういうことです。

地球は時速1600キロ以上の猛スピードで自転していますが、実はコンコルドはそれを上回る2400キロ以上の超音速で飛ぶため、西へ向かって飛ぶと文字どおり日没に追いついてしまうのです。太陽は実際は西へ沈んでいるのですが、飛行機のあまりに速いスピードのために、西から昇っているように見えるのです。

「明らかに不可能と思われていることにも、現実となる可能性を信じよう。普通の人が考えている『不可能なこと』の大半は、実は『可能』なのである。信念が強まればできるのだ」（『信念』ロバート・シュラー　三笠書房）

このように、たとえ不可能と思えるものでも、それを「できる！」「実現可能だ！」

と考えることができれば、博士の言うようにその大半は成し遂げることができるのです。人間の小賢《こざか》しい知恵であれこれ屁理屈を並べ立てるから、結局できることもできなくなってしまうのです。

ハブの毒を無毒にする実験

最後に、信じがたい実験をひとつ紹介しておきます。

まず6匹のネズミを、3匹ずつ2組に分けておきます。そして6匹全部のネズミに、ハブの毒を乾燥したものを致死量注射します。

その場合最初のグループの3匹には、ハブの毒を普通に注射します。次に残りのネズミ3匹には、ハブの毒を注射する人が「このネズミはハブの毒では絶対死なない！」と強く念じて注射します。

その結果、最初のネズミ3匹は注射して9時間後にすべて死亡しましたが、残りの念力をかけたほうのネズミは、1匹が7時間後に死亡したものの、あとの2匹は見事に生き残ったのです。

この実験は、医学博士の故・岩野政太氏が『毎日年鑑』の「家庭医典」という付録に掲載したものを、光明思想家の故・谷口雅春氏が紹介したものです。

それにしてもハブの毒を信念の力で無毒にしてしまうというのですから、なんともすごい話です。

これもにわかには信じがたい話ですが、**信念が強いと、こんなこともできてしまう**という好例です。

もちろん、こんなことは私たちにできる芸当ではありませんが、人生を開くためには、あるいは夢・目標を達成するためには、大いに参考になる話だと思います。

強い信念さえあれば、この世のほとんどのことは成し遂げることができるのです。

先に紹介した氷の世界からの生還はその典型です。

信念が強いと必ず神様が味方して、「幸運のギフト」を与えてくれるのです。私はそう確信しています。

ちなみに私は、独自の瞑想法で祈り、念じるのを日課にしています。

ルール⑤

継続の力

フランスの劇作家、モーパッサンの話を紹介しましょう。

『女の一生』などで有名なモーパッサンは、作家になる前はパリで小役人をやっていました。しかし単調な仕事が性《しょう》に合わず、毎日が嫌でたまらなかったようです。

実は彼は、創作的な仕事を希望していたのです。しかし「自分にそんな才能はない！」と思い込んでいた彼は、ある日叔父の親友で、当時作家として成功していたギュスターヴ・フローベールからこうアドバイスされます。

「自分には才能がないって？　キミ、それはカン違いだよ。**結局ね、才能って根気なんだよ**」

これに奮《ふる》い立ったモーパッサンは、役人を続けながらも、余った時間で狂ったように小説を書き続けます。

そして30歳の時に、『脂肪の塊』という作品で見事作家デビューを果たしました。

あとはご承知の通り、モーパッサンは作家、劇作家としてその名を後世に残しています。それにしてもフローベールのこの言葉は当たり前のようで、非常に含蓄《がんちく》に富んだ言葉だと思います。人々に大いなる希望を与えます。

さて、世の中には天才と呼ばれる人たちがいます。

音楽の天才、スポーツの天才、発明の天才、学問の天才、科学の天才、ダンスの天才、スピーチの天才……。名前を挙げればニュートン、アインシュタイン、エジソン、ショパン、モーツァルト、イチロー、大谷翔平、藤井聡太、セリーナ・ウィリアムズなどなど、枚挙に暇がありません。

ご存じのように、彼らは驚異的な能力を発揮して、それぞれの分野で驚嘆すべき偉業を成し遂げています。それゆえ私たちは彼らに、いちように畏敬の念を抱いています。と同時に、彼らを特別視してもいます。

「彼らは天才であって、所詮《しょせん》、われわれ凡人とはできが違う」

辞書を引いても、概ねそんなニュアンスで説明されています。果たしてそうでしょうか？　天才とは、本当に生まれつきの能力・才能なのでしょうか。

私はそうは思いません。今も言ったように、確かに彼らの業績には目を見張るものがありますが、それは決して天分ゆえにできたものではありません（一部の天才は天分だけでできた人もいますが）。

そのほとんどが**後天的な努力、それも血のにじむような凄まじい努力＝根気力によって成し遂げられたもの**です。

発明王のエジソンは、それを示唆するこんな言葉を残しています。

「偉大な発明は、1％のひらめきと99％の努力によって生まれる」

日本にも、有名なこんな名言があります。

「天才とは、努力家の異名なり！」

まさにその通りだと思います。

例えばピアニストを考えてみましょう。あなたも経験があるかと思いますが、ピアニストの華麗な指さばきを見ていると、つい「自分とは違う人種だ！」と思い込んでしまいます。

「なぜあんなになめらかなのか」

「なぜあんなに華麗なのか」

「まさに神業だ！」

勢い、聴衆はピアニストに拍手、喝采を送るわけです。しかしこのピアニストの演奏技術は自然に、また一朝一夕《いっちょういっせき》にでき上がったものではありません。幼少時より、数十年間にわたって必死になってピアノと格闘してきた結果なのです。

聞くところによると、ピアノ協奏曲などの場合、1曲につき数千回から1万回近く弾きこなさないとプロのピアニストとして通用しないといいます。

実際2016年に亡くなられた中村紘子《ひろこ》さんのような大物ピアニストでさえ、現役時代は、1日最低4、5時間もの練習量をこなしていたといいます。

天才ピアニストがいかに努力家であるかが分かります。音楽だけではありません。他のどんな分野でも同じことが言えます。

結局のところ、才能が土台にあるにしても、それ以上に根気力、努力、忍耐力、それに情熱のほうがはるかに重要なのです。

ここでニューヨーク在住のジャーナリスト、肥田《ひだ》美佐子さんの言葉に耳を傾けてみましょう。

「米国ではここ数年、成功を収めるための最も重要な要素として『グリット』が注目を集めている。その意味は、努力、根性、忍耐、情熱。人生で成功するには、ＩＱの高さや天賦の才よりも、グリットのほうが重要であることが、科学的にも裏付けられている。

米国でも（日本でも）、かつては、グリットが尊重されていたが、つい最近まで、天賦の才や優れた容姿、富を持った人が称賛され、努力や忍耐は軽んじられる傾向にあった。しかし、その流れが変わりつつある……」（『日経ビジネス』２０１６年12月１日号）

アメリカだけではありません。

日本でも『やり抜く力　ＧＲＩＴ（グリット）』（ダイヤモンド社）という本がベストセラーとなり、根気力の重要性がクローズアップされてきています。

巷では「才能は遺伝であり、才能のない人間は努力しても無駄だ」などのトンデモナイ説が飛び交っていますが、暴論もいいところです。こんな不毛な説に決して耳を傾けてはいけません。

確かに遺伝には、一定の影響力があることを私も認めます。だとしても、それですべてが決まるわけではありません。多少時間はかかっても、最後にものを言うのはやはり**GRIT＝やり抜く力＝根気力**なのです。

別の言い方をすれば、文字通り**「継続は力なり」**です。

実際、全米屈指のデータサイエンティストのニック・マジューリは、

「投資で儲けるためには、どこで買って、どこで売って……などの小手先のテクニックではなく、『JUST KEEP BUYING』＝ただ買い続けることだ！」（『JUST KEEP BUYING』ダイヤモンド社）

と述べています。

何事も、継続することが重要なのです。

ルール⑥ 行動の力

アメリカの思想家トーマス・トロワードの言葉です。

「宇宙には人間の希望や願望を受け取り、それを現実の世界へ導き出す働きがある」

つまり、「目標や希望、願望を強く念じることによって、それは叶う！」という考え方です。これに加えて、米クリスタル・カテドラル教会の創設者ロバート・シュラー博士は次のように述べています。

「それだけでは足りない。宇宙に原型（あなたの夢や希望）ができ上がったら、今度はその原型を**現実の世界に引き下ろす作業**が必要である！」

その引き下ろす作業こそ、アクション＝行動力なのです。

さて、祈りには大きな力があります。

筑波大学名誉教授の故・村上和雄先生も「祈りにはすごい力が秘められている」と

述べて、次のようなエピソードを紹介しています。

「アメリカの病院で行われた祈りの効用に関する研究結果です。重い心臓病患者393名を対象に、ひとりひとりに向けて回復の祈りを行い、祈らないグループとの比較をしてみました。そうしたら、祈られたグループの患者群は、祈られなかったグループの患者群より、明らかに症状が改善されていました」(『人は何のために「祈る」のか』祥伝社黄金文庫)

確かに祈りは、特に健康面で大きな効果があるようです。「宗教で病気が治った」という話をよく耳にするのは、そのためです。30年ほど前は、不治の病の患者に宗教に入ることを勧める医者もいたそうです。

祈りとは少し違うかもしれませんが、「心の力」も健康面では絶大な力を発揮します。

オレゴン医科大学出身の医師で、アメリカの心理社会腫瘍学の権威カール・サイモントン博士は、イメージによってガンを治す「サイモントン療法」を開発し、かなりの成績を上げています。

サイモントン療法を簡単にまとめてみると、概ね次のような流れになります。

＊ガン細胞を、ハンバーグや魚の卵のような崩れやすい、柔らかいもの、そして弱いものとしてイメージする。
＊今受けている治療には、ガン細胞を破壊する力があると信じる。
＊自己治癒力の象徴である白血球の数を大量にし、大群でガン細胞に攻撃を仕掛けているシーンをイメージする。
＊白血球は攻撃的で強力なので、必ずガン細胞に打ち勝つと信じる。またそのようにイメージする、など。
こうしたイメージ療法を不治とされたガン患者159人に4年間にわたって実施した結果、次のような好ましい結果が出たのです。
ガンが消滅した者　14名：22・2％
ガンが退縮した者　12名：19・1％
ガンが安定している者　17名：27・1％
新しくガンが発生した者　20名：31・8％
（『がんのセルフ・コントロール』笠原敏雄、河野友信訳・創元社）
「たったそれだけ……？」と思う人がいるかもしれませんが、サイモントン博士は、

「これらの患者はいずれも末期患者だったことを考えると、このデータは驚異的です」と述べています。博士自身、イメージ力のすごさに改めて驚嘆したのです。実際、サイモントン療法はアメリカ医学会でも一定の評価を得ています。もちろん、反対の立場を表明している人たちも結構います。

健康面だけではありません。祈りはあらゆる場面で大きな力を発揮します。祈ったら願いが叶った、目標を達成した、希望の大学に合格した……などです。ただし、厳密に言えば、シュラー博士の言葉のように祈りだけでは不十分です。

祈ったり、瞑想したりすると、確かに宇宙にその想いがインプットされていきますが、それは「完成品」ではありません。あくまでも「原型」です。

その原型を形にするためには、ズバリ、アクション＝行動力が必要なのです。

考えてみれば当たり前です。私たちの住むこの三次元の世界は物理的な制約を受けていますから、想念や祈りだけではやはり足りないのです。それに前にも言いましたように、思うだけで願いが実現したら、世の中大変なことになってしまいます。

思うだけでビルが建つ、金持ちになる、健康になる、一流大学に合格する……、こうなると大工いらず、医師いらず、教師いらずとなって、世の中が大混乱してしまいます。完全犯罪だってバンバン成立して、殺人事件も頻繁に起こるかもしれません。

そんな大変なことにならないためにも、大自然の摂理（神様）は人間にアクション（努力、創意工夫）を義務づけているのです。

神様とのコラボが大切

この世には、机上の空論を唱える人がたくさんいます。

Aさんは言いました。

「来年、本を10冊出してみせます。そしてその中から少なくとも3冊はベストセラーにしてみせます」

Bさんも言いました。

「将来は会社を興し、軌道に乗ったところで、年にひとつずつ会社を増やしていきます」

さらにCさんも言いました。

「この街イチのおしゃれなレストランをつくりたいんです。例えばチャペルのようなレストランを。きっと流行ると思います。というのも、チャペル形式のレストランなんて、どこにもありませんからね」

残念ながら、彼らの構想は、何ひとつ実現していません。それから何年経っても実現していません。Aさんはベストセラーを出すどころか、一冊の本も書いていませんし、Bさんも会社を増やすどころか、未だにひとつの会社も設立していません。Cさんにしても同じです。チャペル形式どころか、普通のレストランさえ出していません。

意気込みの割に、彼らの構想が実現しないのは、なぜでしょうか？

答えは簡単です。

彼らが意気込みだけで、行動を起こさないからです。目標に向かって行動を起こしていません。この一点に尽きます。おそらく彼らのような空想人間は、きっと神様、仏様に祈ってばかりいるのでしょうね。

「神様、なんとか私の願いを叶えてください！」

祈る、願うのはいいとして、そこに行動力がなければ、夢、目標は絶対に実現しません。絶対は言いすぎですが、おそらく9割以上の確率で実現しないと思います。本人たちもそんなことは分かっていると思いますが、「分かっちゃいるけど踏み出せない」というのが本音なのでしょう。決断が、行動が、怖いからです。これではダメです。

コロンブスは「インドを発見してみせる！」と豪語しました。そしてそれを実現させました（インドではなく新大陸でしたが）。行動力に長けていたからです。

同じようにエジソンも「白熱電球を発明してみせる！」と豪語しました。そして見事にそれも成功させています。裏付けとして行動力があったからです。

一説によると、エジソンは白熱電球をつくり出すために、１万回にも及ぶ実験を繰り返したと言われています。

成功者はみな行動家

この世で成功してビッグにのし上がっていった人たちを分析してみると、抜群の行動力があったことが挙げられます。名著『成功哲学』を著したナポレオン・ヒルも成功する条件として、以下のファクターを挙げています。

＊目標をはっきり定めること

＊その期日を決めること
＊計画書をつくり、それを紙に書くこと
＊朝夕声を出して読み上げること
＊明日と言わず、今すぐ実行すること

中でも最後の**「今すぐ実行すること」の重要性**を特に強調しています。

誰でも一生の間に、いくつかのアイデアや構想を持っているものです。

しかしいかんせん、それを実行に移す勇気がないために、いつまで経ってもそれが実現せず、平々凡々と一生を暮らすことになってしまうのです。

平々凡々が悪いわけではありませんが、夢がありながらそれを実行しない人の人生は、脳科学者の中野信子先生が言うように「消化試合」のような覇気《はき》のない人生になってしまいます。

それを防ぐためにも、頭を常に柔軟に保ち、ひらめきや直感を働かせ、ひらめいた時はその場でメモを取り、夢、構想を実現するために、すぐに行動に移すことです。

一日のばしにしていると、「明日やろう」が来週になり、さらに来月、来年になり、

結局、時期を逸して、

「私はついにできなかった」

ということにもなりかねないからです。

今日まで世界中で、行動を起こさずに成功した人は、ごく少数しかいません。

いくら神頼みして神様がお膳立てして（原型をつくって）くれたとしても、最後はやはり人間の手でその原型を現実の世界に引き下ろす作業が必要なのです。

「祈りだけで、想念だけで願いが叶う」という言葉はとても魅力的です。

しかし物理的な制約を受けている世の中では、祈ったら動く、つまり目標実現のためには**「神様とのコラボ」**がぜひとも必要なのです。

私も若い頃は「祈れば叶う、楽チン思想」に翻弄されて、祈ってばかりいました。

また、それを人にも吹聴していた時期もありました。

今は行動力の大切さを痛感しています。

ルール⑦ 平常心

世界的に大ヒットしたビートルズの名曲『レット・イット・ビー』をご存じでしょうか。実に素晴らしい歌なのですが、メロディーもさることながら、歌詞がずば抜けているのです。内容が哲学的で、聴く者の心を揺さぶらずにはおきません。ピアノのイントロに続いて、ポールが周知の美声で次のように歌い出します。

「苦しみ悩んでいる時、暗闇がボクを取り囲む時、マリア様が現れて、貴い声をかけてくださる。なすがままに……。すべてをなすがままに。
傷つき、失意に生きる人たちが、ともにひとつの世界に結ばれる時、道は必ず開けてゆく。それまではすべてをなすがままに。自然の流れに身を任せなさい……」
（ポール・マッカートニー作『LET IT BE』東芝EMIより要約）

曲を聴いたことがあっても、「へぇ〜、そういう内容だったのか！」と驚かれた方も多いのではないでしょうか。実は私もこの歌に感動し、大いに影響を受けた者のひとりです。

ただし若い頃はこの詞を読んでも、あまりピンと来ませんでした。「なすがまま」を、ただ単に「惰性で生きること」とカン違いしていたからです。

しかし30年ぶりにこの詞を読み返してみて、新たに大きな感動が湧き起こってきました。繰り返しますが、ポールの言う「なすがまま」は、決して成り行き任せで何もしない、ということではありません。

日本流に言えば、**「人事を尽くして天命を待つ」**ことだと私は解釈しています。

つまり、自分なりに最善を尽くしたあとは自然の流れ、言い換えれば**「神の裁定に身を任せて、それ以上は思い悩まない」**ということです。

たとえ結果が悪くても、嘆く必要はありません。なぜなら、それがあなたの天命であり、もしかしたらその現象は、あなたをより大きな幸せへと導くための「幸運のギフト」であるかもしれないからです。

いわゆる〝ひょうたんから駒〟というやつで、世間ではよくあることです。

いずれにしても、未来のことは人間には分からないのですから、目先の現象に翻弄されて投げやりにならないことが肝心です。時には最悪の事態にどっぷりつかって、不幸な体験を楽しんでみるのも、運命改善のひとつの方法です。

それがポールの言う「なすがまま」だと私は解釈しています。

「レットイットビー♪」「レットイットビー♪」「レットイットビー♪……」

頑張りすぎのあなた、神経質で傷つきやすいあなた、考えすぎていつもイライラしているあなた……今日からはこの歌詞を口ずさんで、もう少しリラックスして生きてみたらどうでしょう。

ハンドルやブレーキに遊びが必要なように、植木鉢に水抜きの穴が必要なように、**人生にも時にはいい意味での「開き直り」が必要です。**

「開き直りの効用」によって、うまくいく場合も結構あるのです。いずれにしても、平常心を保つためには、こうした考え方がぜひとも必要です。

結果はすべて最善だと考えよう

「な〜に人生はリーグ戦だ。この先何回でも、挽回のチャンスはある」

人生は高校野球のようにトーナメント（一回負けたら終わり）ではありません。プロ野球と同じでリーグ（総当たり）戦です。したがって1回や2回の失敗はまったく問題になりません。できる人はそれを知っていますから、失敗しても単なる**「一時的な躓《つまず》き」**と考えて動じることがありません。たとえ動じたとしても、すぐに気を取り直して立ち上がりますから、いずれ勝利を手にすることができるのです。

「リーグ戦思考」、これが平常心を保つ秘訣《ひけつ》です。

これに対して人生をトーナメントと考える人は、一度の失敗に大きなショックを受けて二度と立ち上がれなくなってしまいます。結果、永遠に勝利とは無縁になってしまうのです。

元東京都知事の故・石原慎太郎氏は、生前、最近の若者はトーナメント思考に毒されているせいか、とにかく打たれ弱くて、たった一回の失敗で自滅するケースが多い、と述べていました。

これは何も若者に限ったことではありません。高度経済成長以来、繁栄ボケ、平和ボケにひたってしまった、どの世代にも言えることかもしれません。

日本で毎年2万人以上もの自殺者が出ているのが、その何よりの証拠です。

人生は山あり谷ありで、言ってみれば障害物だらけです。何をやるにしても、一回のチャレンジでうまくいくなどということはまずありません。

もしあったとしたら、それはお伽《とぎ》の国の話です。失敗の連続、ピンチの連続、苦しみの連続！　これが人生の現実です。

でも、それでいいのです。リーグ戦思考でいくならば、必ず最後には逆転勝利できるからです。相撲と一緒で、たとえ初日から7連敗したとしても、そこから8連勝して勝ち越せばいいのです。7連敗、8連勝は極端だとしても、2勝1敗、いや1勝1敗でもかまいません。とにかく、**最後に勝てばいい**のです。そう考えてくよくよしない人のところに、「幸運のギフト」はやってくるのです。

ポジティブ・ワードで危機を乗り越える

俳優の小西博之さんは2004年の4月頃から体調を崩し始め、12月には京都のホテルで血尿を経験しました。医師の診断は「腎臓がんの可能性あり」でした。その確率は95％！

翌年の1月に精密検査をしたところ、左の腎臓になんと13センチ×20センチもある巨大なガンが見つかりました。

その時、主治医の口から出た言葉は背筋も凍る恐ろしいものでした。

「あなたが今ここで倒れて、そのまま事切れてもおかしくない状態です……」

医師は、小西さんに余命3カ月を告知しました。

一般論から言えば、腎臓ガンは予後があまりよくない病気です。しかも末期ですから治る見込みはほとんどありません。

ところが奇跡が起きて、小西さんは末期ガンに打ち勝って見事生還しています。余命3カ月なのに、なぜ？

それは小西さんの生き方に負うところが大きいように思われます。


余命3カ月を告知された時点で、普通だったらショックでそのまま倒れてしまうところですが、前向きな小西さんは違いました。

ガンが見つかったのがその年の12月25日（クリスマス）で、さらに手術日が翌年の2月14日（バレンタインデー）でした。小西さんは、「**ガンは神様からのプレゼント**なんだ。だから自分のガンは絶対に治る！」と、そう前向きに解釈したのです。

そのとたん、安心感、平常心がみなぎってきたと言っています。

それにしても「ガンは神様からのプレゼント」とは、なんと前向きな言葉でしょう。まさに逆転の発想です。これ以上のポジティブ・ワードがあるでしょうか。

イギリスの心理学者グリアーらの調査によれば「ガンにかかっても希望を失わない人、平常心を保てる人ほど助かる見込みが高い」とのことですが、まさに小西さんはそれを身をもって実証したわけです。

病気に限らず、苦境に陥ってもポジティブ思考で頑張る人は、あらゆるシーンで事態を好転させることができるのです。


ちなみに今は「3人にひとり（あるいは2人にひとり）がガンになる時代」と言われています。

「だったら3人中、2人は助かるってことじゃないか！」

そう考えられたら素晴らしいと思います。

ちなみに小西さんは『生きてるだけで150点！』（毎日新聞出版）という著書を出されていますので、不安でたまらないという方はぜひ読んでみてください。

平常心を保つための究極のワード

2019年のお正月、精神科医の和田秀樹先生は、重症の糖尿病で苦しんだそうです。ひと月で体重が5キロも減り、採血したところ血糖値はなんと660mg。インスリンの分泌も、かなり低下していました。

知人の医師からは「膵臓《すいぞう》ガンの可能性が……」と言われました。その時、和田先生は「ああ、私はもう死ぬのか」と、はっきり死を意識したそうです。

当時、和田先生はまだ58歳。以来、和田先生は**「どうせ死ぬんだったら、好きなことをやり尽くそう」**と考えるようになったと言います。

幸い膵臓ガンではなかったので、今も精力的に本を書かれていますが、先生の言う「どうせ死ぬんだったら……」は決して投げやりの言葉ではありません。

命には限りがあるのだから、残りの人生を自分の好きなように生きたい……という、むしろ前向きな言葉なのです。

また、和田先生は「死にたくないと思うほど、人生の幸福度は下がる」と言っています。

死に限らず、病気にはなりたくない、お金を失いたくない、恋人を失いたくない……などの想いが強い人も、やはり人生の幸福度を下げてしまいます。負の感情によって恐怖心が突き上げてきて、平常心を失ってしまうからです。和田先生のように、逆に**開き直って生きたほうが、平常心は保てる**でしょう。そのためには、どんなマイナスの現象もよい方向でとらえることが大切です。なかなか難しいことではありますが、すべてを**「神様の思し召し……」**と考えられたら、もうその人は哲人、ブッダです。心が落ち着いて、あまりあれこれ悩まなくなるはずだからです。

これも和田先生の話ですが、ドイツにいる和田先生の知人の子供が高熱を出したため、両親はあわてて医者に連れて行きました。そうしたところ、医者は「ただの風邪だから放っておいたら治る」と言って、それ以上の診療や投薬を拒否したそうです。どうやらドイツの医者は日本と違って、風邪くらいでは簡単に薬を出さないようです。ところが治る気配がないので、再び病院に行って「このまま熱が下がらずに死んだらどうするんですか！」と医者に迫ったら、こう答えたそうです。

「神の思し召しだ！」

それにしてもすごい話ですね。日本でこんなことを言ったら即アウトです。ドイツでは、余分な治療はしないという方針が根付いているようです。和田先生は言います。

「ドイツの人は今の日本では考えられないような死生観を持っている。欧米では、一般的に死生観はその人が信仰している宗教に影響される部分が大きいといわれますが、風邪ぐらいで死ぬ人は、どうやってももう生きられない人間だという発想がどこかにあるのだと思います」（『どうせ死ぬんだから 好きなことだけやって寿命を使いきる』SBクリエイティブ）

日本人にはちょっと理解しがたい考え方ですが、結局のところ「何があってもジタバタしない、人間死ぬ時は死ぬ」という開き直りとも思われる死生観が、心を強くしているのでしょう。

日本の良寛上人《りょうかんしょうにん》（江戸時代後期の禅僧）も**「災難にあう時はあうがよろしい、死ぬ時は死ぬがよろしい」**と信徒の手紙に返していますが、人生を悟ると、こんな結論に達するのかもしれません。

ルール⑧ 女性を守る

今の時代、女性を守ると言うと、差別発言として女性から反発を食らうようです。

「女を守るって、何その上から目線！　別に頼んでないわ」

「私、自立してますから、別に男に守られなくたって生きていけます」

「女を守るより、もっと自分を守ったら」

そんな声がどこからか聞こえてきそうです。確かにそうかもしれませんね。

「子供を守る」「年老いた親を守る」なら分かりますが、「女性を守る」は、今の時代にはフィットしない言葉なのかもしれません。というのも「女性を守る」＝「女性を支配する」そんなニュアンスが感じられなくもないからです。

ところで、最近は結婚したがらない、たとえ結婚しても子供は欲しくないという女性が増えてきています。それはなぜだか分かりますか。

「それは経済的な問題だよ。お金がないと、子育てもちゃんとできないしね」

確かに一理あります。しかし最大の要因は、そうではありません。実は最大の要因は**「識字率」**にあるのです。未婚、晩婚、出生率の低下（いわゆる少子化）は実は識字率＝読み書き能力、今なら**「学歴」**が大きく関与しているのです。

確かにこれまでは、少子化の要因は経済だと考えられていました。

しかしフランスの人類学者エマニュエル・トッドは、その要因として識字率を挙げています。明治大学の鹿島茂教授は、トッドの研究を読み解いて、こう述べています。

「女性の識字率が一定の水準を超えると、その共同体は出産調整を開始し、必然的に出生力転換が起こり、それがテイク・オフ（著者注：近代国家の仲間入り）を導くのだと考えたのです」（『エマニュエル・トッドで読み解く世界史の深層』鹿島茂　ベストセラーズ）

一定の水準とは50％です。家族システムにもよりますが、女性の識字率が共同体の50％を超えると出産調整が始まると、鹿島教授は指摘しています。

一般に識字率（学歴）が高くなった社会集団では、不満が噴出する傾向にあります。なぜでしょうか？　読み書き能力の獲得によって、政治、経済、文化……さまざまな領域の情報が手に入り、理解することができるからです。メディアなどを通して、各自が置かれているポジションが判明し、そこから不満や変革の気運が生まれます。

この点は先進国の女性に、共通するところです。

日本でもひと昔前は5、6人兄弟なんてザラにいました。ところが女性の識字率が上がると、徐々に女性たちは出産調整に入り、子供を産まなくなりました。

識字率の向上は教育の重視につながり、女性が以前とは異なる価値観や人生観を持つようになります。教育の影響によって、女性は「嫁」という理不尽なポジションに気づいてしまったわけです。

「なんで男の言いなりになって、子供をつくらなければならないの？　私だけが家庭の犠牲にならなければならないの？　そんなのおかしい！　私は子供や家庭より、もっと自分の人生を楽しみたい！」

女性の自己主張により、晩婚や未婚が増えて、少子化につながっていくわけです。

女性にはリスペクトを

女性の中でも、特に高学歴の女性は「男に守られたい」とはあまり思っていないのではないでしょうか。

こうした情勢をふまえて、私はここでダイレクトに「男性は女性を守れ」などと言っているわけではありません。確かに腕力の面では、女性を守る必要があるでしょう。

例えば女性が暴漢に襲われた場合は、もちろん腕力で守らなければなりません。経済的な面でも、男がしっかり仕事をして女性や家族を守る必要があります。

そうではなくて、私が言いたいのは**女性を「リスペクトすべし」**ということです。リスペクトなどというと、少しオーバーに感じるかもしれませんが、決してそんなことはありません。

特に日本は男性の家長を重んじる、いわゆる家父長制の時代が長かったせいか、リスペクトどころか、未だに男性が女性を支配下に置きたがる傾向があります。妻や恋人に対するＤＶやモラハラが、未だに横行しているのはその名残でしょう。

ちなみに、私はリスペクトを「尊敬」というよりも、**「敬愛」する（敬い大切にする、感謝する）**という意味で使っています。敬愛のほうが尊敬よりも少しフランクな感じがして、よりふさわしいと思っているからです。

子供を産むのは、女性にしかできません。これひとつとってみても、男性は女性に感謝しなければなりません。共同作業で子供は生まれるとはいえ、出産時の大変さのウエイトは女性の99に対して、男性はわずか1程度ではないでしょうか。

産みの苦しみは大変なものです。個人差はありますが、人によっては気絶するほどの痛みが走るそうです。「ハンマーで腰の辺りを殴打されているような感じ」と表現する人もいます。

今は医療の進歩により、分娩管理が安全にできるようになりましたから、日本の年間の妊産婦死亡率は2・5パーセント（50人）程度です。しかし、昔は出産でたくさんの人が命を落としました。出産は命がけだったのです。年間50人なら、今でもリスクはゼロではありません。そういう意味でも、出産時の男性の立ち会いは必須だと思います。立ち会って出産の実態を知ることによって、「うわ〜、女性ってこんなにすごい存在なのか！」と女性へのリスペクトが、さらに上がると思うからです。

「シャドウ・ワーク」は差別の言葉

ご存じのように今の日本では、夫婦のいる世帯の約7割の家庭が共働きだといいます。経済的な問題で共働きを余儀なくされるケースが大半だとは思いますが、それだけではありません。中には自己実現のために、結婚後も社会に進出して活躍する女性も一定数います。それも「共働き」にカウントされているようです。

それはともかくとして、ここで注意しなければならないのは、特に男性陣は共働きを「当たり前」と思ってはいけないということです。

実は女性の仕事は多岐にわたり、かなり過酷なのです。出産に始まり、育児、家事(買い物、料理、洗濯、掃除など)、それに親と同居していれば、親の世話、はては介護まで。

「イクメン」という言葉が定着し、最近は育児休暇も取得して、育児をする男性も徐々に増えてはいるようです。しかし、まだまだ圧倒的に少数です。

家事も育児も妻に任せっきりの家庭のほうが、実態として依然多いでしょう。

男性は「自分は仕事で稼いでいるんだから……」という思い込みが強いせいか、帰宅するなりお酒を飲んだり、家事もせずにゴロゴロしている人が多いようです。

これは由々《ゆゆ》しき事態です。奥さんへのリスペクトはまったくありません。それでも昭和時代の女性は我慢して、なんとか辛い家事労働をこなしてきました。しかしZ世代から30代前後の女性には、到底したくないことです。結婚を避ける女性が増えているのはそのためです。この問題は出生率が日本よりも低い、お隣の韓国でも大問題になっており、今後ますます未婚、晩婚、少子化が進んでいくことでしょう。

勘違いしている政府は、若い人たちの賃金を上げたり、託児所を多くしたりして働きやすくすれば少子化は収まるだろう……とトンチンカンな政策を行っています。

しかし問題の根本はそこにありません。賃上げなども必要ではありますが、それよりも現代の女性は**「主婦・嫁・共働き」という理不尽なポジションに嫌気がさして、結婚を拒否している**のです。ここを心底から理解して対策を講じなければ、晩婚化、少子化は決して止まることはないでしょう。

ちなみに賃金が発生しない家事労働のことを**「シャドウ・ワーク」（影の仕事）**と

言います。これもトンデモナイ言葉です。「シャドウ・ワーク」がなければ、家庭の基盤は支えられないのに、これを軽んじる男性が多いのは誠に残念なことです。

ある機関の試算によると、シャドウ・ワークには月額30万円から40万円もの価値があるそうです。女性はもっと主張してもいいでしょう。家事、育児の分担をお願いして、旦那さんが「オレは外で働いて、疲れているんだから」と言おうものなら、「私も毎日、家事労働で月に40万円分も働いているんだから」と主張してもいいわけです。

DV・モラハラ男は締め出してしまおう

私は常々、女性は**「女神の化身」**だと思っています。

女神なのですから、女性を大切にする男性には、当然「幸運のギフト」が与えられます。逆に粗末に扱う男性には、「不運のギフト」が与えられます。分かりやすく言えば、奥さんから離縁状を叩きつけられるということです。その筆頭がＤＶ男です。

実は私の姉がＤＶ被害者でした。

姉は最初、イケメンの男性と結婚しました。しかし浮気性に悩まされて、数年後に離婚。再婚相手は職場の男性でした。お世辞にもイケメンとは言えませんでしたが、とにかく優しくて「お姫さま扱い」されたと言います。風邪をこじらせて3日ほど入院した時のことです。その男は、毎日お見舞いにやってきて優しい言葉を投げかけました。

それにほだされて、姉はとうとうこの男を受け入れてしまいました。「この人なら優しそうだし、浮気に悩まされることもないだろう」と考えたからです。ところがこの男、結婚して半年もしないうちに豹変してしまいました。優しいどころか、最悪のDV男だったのです。

殴る蹴るはもちろんのこと、酷い時には髪をつかんで引きずり回されたこともあったそうです。そのうえ、外でモテないせいか、結婚して20年以上たった時点でも、夜な夜な体を求めてきたと言います。姉は「気持ち悪くて仕方ない……」と嘆いていましたが、拒否すると暴力を振るわれるので、泣く泣く応じるしかなかったのです。

結論から言うと、DVは犯罪です。

こんな犯罪男とは一日も早く離婚すべきです。実は姉夫婦とは、この男が原因で絶縁してしまいました。今は音信不通になっていますが、おそらくあまり事態は変わっていないのではないかと思っています。

女性の価値観・信条を尊重する

女性に対して男性は労《いたわ》りの心、思いやりの心が必要です。

特に夫婦の間ではそれが必要です。夫婦として長年連れ添っていると、新婚当初はエクボ（長所）に見えていたものが、アバタ（欠点）に見えてくるからです。

「結婚は発熱で始まり悪寒で終わる」という詩人の言葉がありますが、残念ながらほとんどの夫婦はさまざまな理由からそうなりやすいのです。

夫の妻に対する思いやりのなさ、労りのなさが、離婚の大きな原因のようです。

「妻が風邪を引いて具合が悪くても、夫は家事をしない」

「休みの日は自分だけ遊びに行ってしまう」

「これを欲しい、と言っても無駄だと言って応じない」

「自分の欲しいものは平気で買う」

「イチイチ細かいことを言って妻を責める」

これでは奥さんはたまったものではありません。

先日、ＴｉｋＴｏｋを見ていたら、こんな言葉が載っていました。

「プロポーズ、あの日に戻って断りたい！」

思わず爆笑してしまいましたが、そう思っている妻がなぜ離婚できないかというと、年金などの経済的な問題もあって、別れると生活できなくなるからです。

男性は「オレの稼ぎで、生活できているんだ」という思い上がりを今すぐ捨てましょう。

いつも**「ご苦労さま、あなたのおかげです」の精神**が必要です。

相手の呼び方も、「お前」などの昭和の呼び方はもってのほかです。

相手自身の好みもありますが、名前で呼ぶのがいいでしょう。「朝香さん」は〝あさちゃん〟とか「恵子さん」は〝けいちゃん〟などの親しみのある呼び方がいいかと思います。

そんな些細なことでも、夫婦関係はよくなっていくのです。

特にやってはいけないのが「相手の信条を傷つける」ことです。これは本当に重要です。夫婦関係に限らず、相手の信条を傷つけると人間関係は壊れてしまいます。

知人のM子さん（女性40代）は、ピアノが大好きで、あちこちで演奏活動に励んでいました。むかしは結婚式やパーティーで演奏するたびに結構な収入になっていましたが、昨今はほとんど需要がなくなり、そのため多くは持ち出しのライブ演奏が主流になってしまいました。そうなると家族は、あまりいい顔をしません。

「用もないのに、あちこちでピアノなんか弾いて……」

これは言い方を換えれば「ゼニにもならんことをやるよりも、もっと家事労働に励め！」、あるいは「パートに出て稼いでこい！」と言っているようなものです。

M子さんの夫だけではなく、姑も同じような考え方をしていました。

ここが問題です。

もうお分かりだと思いますが、この言葉は絶対に使ってはいけない禁句です。

案の定、この言葉によってM子さんの信条はズタズタに引き裂かれてしまいました。

ピアノのよさが分からない姑は、口グセのように言い続けました。それにしても酷い話ですね。

ピアノはM子さんの唯一絶対の信条なのです。それを否定するということは、M子さんの存在そのものを否定しているようなものです。

その姑と言えば、三味線《しゃみせん》が大好きで、月に2回程度は民謡教室に通っているそうです。三味線が好きならピアノも好きになりそうなものですが、これがまったく理解できない。「やめろ、うるさい」の一点張り。

仮に、姑が誰かから「あんた、ヘタな三味線はもうやめなさい。耳がキンキンする」と言われたらどんな気分になるでしょうか。激怒してもう二度とその人とはつき合わないはずです。信条を傷つけるということは、事程左様に恐ろしいことなのです。

ところが人間は勝手ですから、自分の信条を否定された時は激怒するクセに、人の信条は簡単に踏みにじる傾向があります。

頑固な姑に警告しても無駄かもしれませんが、夫はこんな時こそM子さんの味方をすべきです。

「M子だって、普段は家事やパートをしっかりやっているわけだから、たまにピアノくらい弾かせてやれよ。月に2、3回なんだから。おふくろだって三味線弾いてんだろ……」

このような助け船を出せば、M子さんは感激して夫を見直すでしょう。

ところがM子さんの場合は、夫も理解者ではなくてアンチでしたから最悪でした。

その後、M子さん夫婦は夫の転勤で他県に引っ越していきましたが、果たして大丈夫なのか気になってしまいます。

ビジネスはギブ&テイクが基本ですが、夫婦関係も同じなのです。

一方通行では、いずれ高い確率で破綻してしまうことでしょう。

妻をほめて、労うことを忘れずに

未だに「釣った魚にエサは与えない」という考えの人に出会いますが、それも大間違いです。奥さんが何かしたら、必ずほめてあげましょう。

「この料理、とてもおいしいね。どこで習ったの」とか、「今日の洋服、とてもよく似合うよ」とか、「そのヘアースタイル、最高!」などとほめてあげることが大切です。

「今さらそんな見え透いたお世辞を言えるか」と考える男性が多いかと思いますが、それがダメなのです。たとえ見え透いたお世辞でも、女性は喜んでくれます。ブログでもＹｏｕＴｕｂｅでも、「いいね！」を押したり、好コメントを送ったりすると、必ず「ありがとうございます。励みになります」と返ってきます。

好意的に評価されると、ブロガーでもＹｏｕＴｕｂｅｒでも励みになって、よけい頑張りたくなるのです。これと同じで、妻も夫から評価されると嬉しくなって、自然にモチベーションが上がるものです。ところが多くの男性は、これを実行しません。

照れくささもあるのかもしれませんが、料理がおいしいと思っても、決して口に出しません。反対にちょっとでも口に合わないと、文句を言う始末です。

「これちょっとしょっぱいな」「こんな甘くしたら糖尿病になっちゃうじゃないか！」

昭和の男性に多いのですが、これでは女性が逃げ出したくなるのも当然です。

不思議でならないのはＤＶ男です。ご承知のように、ＤＶ男は奥さんに逃げられると、どこまでも追いかけてきます。「そんなに大切なら、もっと優しくしてやればいいのに」「なぜ奥さんの価値を、もっと認めてあげないんだ……」と思いますが、ＤＶ男はそれらを無視して、わがまま勝手に振舞うばかりです。

先ほど「ＤＶ男とは断固離婚すべし」と言ったのはそういう理由からです。要するに、この手の男は病気で、決して治りません。一時的に収まっても、またどこかでぶり返す確率が高いのです。

それはともかく、もしあなたが奥さんのことを大切に思うのでしたら、今後は目いっぱい**労《ねぎら》ってあげてください**。そして**奥さんの意見を尊重してあげてください**。その意見が少しくらい間違っていたとしても、度を越えない限り認めてあげましょう。

そして何より、奥さんのことを**リスペクトしましょう**。また、**絶対に信条を傷つけないように気をつけましょう**。それが夫婦円満の秘訣です。

もうひとつ、これは夫、妻、どちらにも言えることですが、**相手の身内（親戚）をなじってはいけません**。たとえ身内に明らかなマイナス点があったとしても、自分の身内を非難されると気分がとても悪くなってしまいます。

実害を被るなら話は別ですが、それ以外は見て見ぬふりをしましょう。

ルール⑨

安全基地を持つ

いつか機会があったら、公園で遊ぶ幼児を観察してみてください。

ある秘密が見えてきます。

公園で夢中になって遊んでいる幼児たちには不安、心配、恐怖といった負のファクターが一切ありません。あるのは喜悦と安心感だけです。なぜだか分かりますか？

それは**母親（養育者）がそばにいるから**です。実は**幼児は養育者（特に母親）を安全基地として行動しているの**です。

幼児にとって母親は、何かあったらすぐに手を差し伸べてくれる、そして自分を守ってくれる、実にありがたい存在（安全基地）なのです。

イギリスの精神科医ボウルビィによれば、幼児は母親に愛着を形成し、安全基地として行動していると言います。ちなみにこの場合の愛着を、**「アタッチメント」（情緒的な深いつながり）**とボウルビィは呼んでいます。

とにかく3歳頃までの幼児は、母親にアタッチメントしていないと不安でたまらないのです。幼児が常に母親のそばを離れないのはそのためです。

では、大人の場合はどうでしょうか。私たち大人にも「安全基地」はあるのでしょうか？　実はありがたいことに、あるのです。

「まさか？」と思うかもしれませんが、本当です。

まず考えられるのは、**お金**です。世俗的な話で恐縮ですが、**お金は充分に安全基地になり得る可能性があります。**というのは、お金さえ豊富にあれば、この世の8割方の難事、不都合を解消することができるからです。

万一健康を害しても、お金さえあれば質の高い治療を受けて健康を回復しやすいです。不祥事を起こしても、他人とトラブっても、はたまた会社をリストラされても、お金さえあれば比較的スムーズに諸問題を解決することができます。

そういう観点からすれば、完璧ではありませんが、まさにお金はひとつの安全基地と言っていいでしょう。とは言え、お金なんて使えばすぐになくなってしまいます。不思議なもので、収入が増えれば増えるほど、消費も増えてしまいがちです。

また、たとえお金がワンサとあったとしても、盗難や金融詐欺に引っかかったり、投資や災害で失ったりすることだってあるでしょう。あるいはハイパーインフレによって、お金の価値が激減してしまうことだってないとは限りません。

そう考えると、確かにお金は頼りになりますが、あくまでも流動的、限定的です。それよりも、もっと他に頼りになるものがあるはずです。

そう、**神様**です。

ただし、何度も言うように、私の言う神様はキリスト教や神道、あるいは新興宗教等の神様のことではありません。抽象的で申し訳ありませんが、**大宇宙の根本原理、大自然の摂理、宇宙の核心、法則**のことを言っています。

くり返しになりますが、筑波大学名誉教授の故・村上和雄先生は「実態はよく分からないが、宇宙には森羅万象をコントロールする偉大なる力が存在する」とし、それを**「サムシング・グレート」（偉大なる何者か）**と名づけています。

私の言う神とは、まさにこの「サムシング・グレート」そのものなのです。これをアインシュタイン博士は「宇宙の真理」と呼び、実業家で思想家の中村天風先生は、「宇宙霊」と呼んでいます。

呼び方は宇宙霊でもサムシング・グレートでも神様でも何でもいいのですが、とにかく私たちの暮らす地球も含めて、宇宙には不可思議霊妙《れいみょう》なる働きが存在し、これにアタッチメントすることによって、危機から回避できるばかりでなく、アタッチメント効果によって「幸運のギフト」も届くのです。

ただし村上先生は、それを実現させるためには、**強い祈りと限界までの自己努力**が必要だと述べています。つまり、ただの神頼みだけではダメで、いわば「人事を尽くして天命を待つ」姿勢がとても重要なのです。

神様と凡太の会話

これについて分かりやすくするために、会話形式で説明してみることにしましょう。凡太という怠け者の青年が、神社へ行って神様と対話する私の創作です。

凡太「神様、酷いじゃないですか！」
神様「なんじゃ、いきなり」
凡太「先日神様のところへ行ってお願いしたのに……」
神様「いったい何のことじゃ？」

凡太「神社ですよ。有名なあの神社ですよ！　いつもいるんでしょ？　あそこに」

神様「知らんな、わしはあそこにはおらんぞ」

凡太「ええっ、いないんですか！　でもお祀《まつ》りしてありましたよ。御神体が……」

神様「ああ、あれか、あれはわしじゃない」

凡太「神様じゃない！　じゃ、誰なんですか!?」

神様「あれはわしの分身じゃ」

凡太「ぶ、分身ですって！　じゃ、本物の神様はどこにいるんですか？」

神様「どこって、**わしは宇宙に遍満しておる。**今もこうしてお前の前にもおるし、宇宙の果てにも、真ん中にもおる。同時にな」

凡太「同時に……、どういうことですか？」

神様「よいか、わしはお前たちが考えるような姿はしておらん。髭を生やして、杖を持って、仙人風の……。そんなのは人間が勝手に作り出したものじゃ」

凡太「じゃ、どんな姿を……」

神様「姿も何も、そもそもわしに決まった姿などない。その都度形を変えて、あらゆる場所に存在する」

凡太「もう少し具体的に説明してもらえませんか？」

神様「具体的と言っても難しいが、ま、ひと言で言えば、わしは**宇宙のエネルギーそのもの**じゃ。**宇宙の法則**と言ってもよいかもしれん。形もなければ色もない。匂いもなければ大きいも小さいもない。それが本来の神の姿じゃ」

凡太「なるほど、そう言われてみれば、なんとなく分かるような気がします。ということは、神様を人間の尺度で考えちゃいけないってことですね」

神様「その通りじゃ」

凡太「で、今のお話によると、あの日神様は神社にはいなかったみたいですけど、でも神様は宇宙に遍満しているわけですから、同時に神社にもいたことにもなるわけですよね、電子みたいに……」

神様「ま、そういうことじゃの」

凡太「じゃ、あの日ボクの願い事も、一応聞いていていてはくれたんですね？」

神様「直接には聞いておらんが、間接的には聞いておる。というか、わしは何でも知っておる。なんてったって全知全能の神なんじゃからのぅ」

凡太「じゃ、この度、ボクの願い事を却下したのはなぜなんでしょう？」

神様「神社での願掛け、願い事は、基本的に神社担当の神様に任せてある。つまり、わしの分身に任せてあるってことじゃ。だからよほどのことでない限り、わしは口をはさまんことにしておる」

凡太「なるほど、そういうことでしたか」

神様「ところで凡太、**神社に行って賽銭《さいせん》箱にいくら入れた？**」

凡太「**100円**ですけど」

神様「ひゃ、100円じゃと！」

凡太「はい、100円です」

神様「少なすぎるわ!!」

凡太「少ないですか？」

神様「当たり前じゃ！　今どき、いくらなんでも100円は少なすぎるわ」

凡太「そうですかねぇ!?」

神様「そうじゃとも。で、何をお願いしたんじゃ。聞かずともわしは知っておるが、もう一度自分の口からゆうてみぃ」

凡太「宝くじ1等、1000万円が当たりますようにって……」

神様「呆《あき》れたヤツじゃのぅ、図々しいヤツじゃのぅ、お前は」

凡太「どこがですか？」

神様「どこも何も、1000万円儲けようっていうのに、100円はないじゃろ。神社は百均じゃないんじゃぞ」

凡太「そ、そうですよねぇ。じゃあ神様は金額でなんでも判断するってワケですか？」

神様「バカを言うな。そうではなくて、ワシは**入れた金額で参拝者の本気度を確かめとるんじゃよ**」

凡太「えっ、どういうことですか？」

神様「**参拝者が真剣に神様と向き合っているかどうか、**ってことじゃ」

凡太「はぁ……？」

神様「よいか、本当に神様を信じていれば、100万円だって出すよのぅ。100万円出したって、宝くじが当たればあとで900万円も戻ってくるわけじゃから……。じゃが、信じてない人間は100万円なんてとても出せん。10万……どころか1万円だって出せんじゃろ。現に、お前が出したのはたったの100円じゃ。つまり、お前は神様を信じてないし、敬ってもいないってことじゃよ。そのくせ1000万を期待するなんて、おこがましいにもほどがある」

凡太「じゃ、100万円払ったら1000万円が本当に当たるんですか？」

神様「そんなことは分からん。じゃが、やってみる価値はある」

凡太「え〜っ、そんな不確かなことに100万円も払えないですよ。それじゃまるっきりバクチじゃないですか。そもそも100万円なんて大金、うちにはありませんし……」

神様「そうか、分かった。だったら100万円は払わんでよい」

凡太「ああ、よかった〜！」

神様「ただし、ここでひとつだけ言っておく」

凡太「はい、なんでしょう……？」

神様「今後二度とお前は神様に願い事なんかしてはダメじゃ」

凡太「どうしてですか？」

神様「願ったところで叶わんからじゃ」

凡太「どうして叶わないんですか？」

神様「お前にその資格がないからじゃ」

凡太「資格がない？　それはお賽銭が少なかったからですか？」

神様「そんなことではない」

凡太「じゃ、なんなんですか？」

神様「人間って、日頃お世話になっている人間、特に権力者なんかには盆暮れに豪勢な贈り物をするじゃろ。ゴマをすってるってこともあるかもしれんが、一方で相手を認めてるからこそ、そうするんじゃよ」

凡太「あ、はい」

神様「ところが、軽視している相手にはたとえお世話になっていても粗末な贈り物でごまかそうとする。いや、そもそも贈らんかものぅ」

凡太「確かにそんなところはありますね、人間って」

神様「それと同じで、**神様を心から敬っている人間は、それなりの金額を支払うもんなんじゃよ。というよりも、つい出しちゃうもんなんじゃよ**」

凡太「そうかも……ですね」

神様「ところがお前は1000万円もの大金を狙っておきながら、たった100円しか出さんかった。恥ずかしいと思わんのか」

凡太「恥ずかしいとは思いませんが、でもやっぱり、ちょっぴり少なかったかな……とは思います。言われてみれば」

神様「ちょっぴりどころではない。100円は**神様を冒瀆《ぼうとく》しとる**金額じゃ」

凡太「ええっ、冒瀆ですか？　そこまでなっちゃうんですか？」

神様「これが『そばかすをひとつ消してほしい』くらいの願い事じゃったら100円でも問題ないが、なにせお前の場合は1000万円に対する100円じゃからのぅ。完ぺきに神様を冒瀆しておる。宝石店へ行って1000万円のダイヤモンドを100円で売れ！　なんて言っているようなもんじゃ。即、警察に通報じゃ」

凡太「それとは話が違うと思いますけど」

神様「違わん。突き詰めればそういうことじゃ」

凡太「……！　……？」

神様「ところで凡太、お百度参りって知っとるか」

凡太「はい、知ってます」
神様「お百度参りで願いが叶うのは、なぜだか分かるか」
凡太「何回も通って一生懸命やるからですか？」
神様「そうじゃ、そこに**本気度、真剣度**が見て取れるからじゃ。お百度参りって色々条件があって大変でのぅ。が、だからこそ、**神様に通じるんじゃよ、**真心が。人間だって1回断っても、100回も真剣に頼まれたら、渋々承諾しちゃうじゃろ」
凡太「そうですね」
神様「それと同じじゃ。熱意と真心を持って真剣に祈れば、いずれ神様に通じるし、その結果願いも叶うんじゃよ。この際、賽銭額の多い少ないは一切関係ない」
凡太「じゃ、なぜさっきお金のことを言ったんですか？」
神様「それは今も言ったように、熱意とか本気度をお金に換算すると分かりやすいからじゃよ。賽銭額は本気度のひとつのバロメータとして考えられるからのぅ」
凡太「な〜んだ、そうだったんですね。じゃ、真剣になって神様と向き合えば、お賽銭が少なくても願いは叶うってことですか」

神様「そういうことじゃ」

凡太「ああ、よかった！」

神様「ただ、なぁ…」

凡太「ただ、何ですか？」

神様「真剣に向き合うと言っても、神様だけではなくて**人生に対する態度も真剣にならんとダメ**じゃぞ」

凡太「人生も……？」

神様「そうじゃ。そもそもお前は人生を甘く見ておる。チャランポランに生きておる。そして、いつも濡れ手で粟《あわ》ばかりを期待しておる。1000万円を期待して100円しか払わんのが、その何よりの証拠じゃ。ま、それもたまになら構わんが、常にそういう姿勢では運は開けんぞ。運を開きたかったら、お前自身も向上心を持たなければならん」

凡太「こ、向上心ですかぁ……？」

神様「というのは、この世には神の波長と悪魔の波長とがあってのぉ、あまりぐうたらばかりしておると悪魔の波長に魅入られてしまうからじゃ。結果、運が開けないばかりか、何をやってもうまくいかなくなってしまうんじゃ」

凡太「ひぇ〜、そんなのイヤです！　絶対にイヤです」

神様「だったら、もう少し**神様にも、自分自身にも真剣に向き合わんといかん**」

凡太「は、はい」

神様「おそらくお前は普段でも『１０００万円／１００円』みたいなスタンスで生きておるんじゃろなぁ？」

凡太「なんですか？　１０００万／１００円って？」

神様「要するにお前は常にダボハゼで鯛を釣ろうとしとるってことじゃ。ダボハゼで鯛が釣れることがないわけではないが、それは稀じゃ。鯛を釣りたかったら、やはりそれなりのエサを提供する必要がある。それと同じように、**大きく夢を叶えたかったら、お前自身もそれなりに成長せんといかん**のじゃよ」

凡太「成長ですか？　う〜ん……ちょっとよく分かりませんが、まぁ神様が言うんだったら、きっとそうなんでしょうね」

神様「きっとも何も、それが真実じゃ」

凡太「わ、分かりました。今日のところはこれで帰ります。神様、ありがとうございました」
神様「うむ、頑張るんじゃぞ」

あなたなりの神様を持て

いかがでしょうか。神様は具体的な存在ではなく、宇宙の真理・法則だということ、それから願いを叶えるためには祈るだけでなく、本人の努力も必要だということが、なんとなくお分かりいただけたと思います。

それではここで、安全基地の構築のための具体的な方法を述べていくことにします。それにはまず、逆説的ですが、**「あなたなりの神様を持つこと」**が重要です。神様でなくても構いませんが、**心の底から信じられる何かを持つこと**です。

もしあなたが、どこかの健全な宗教団体に所属しているのでしたら、その宗教の神様でも構いません。あるいはあなたが仏教徒で般若心経の教えを大切にしているのでしたら、般若心経を安全基地にしてもいいでしょう。クリスチャンでしたら、同じように十字架や教会を安全基地にしてください。

信じるモノが何もないという方は、村上先生の提唱された「サムシング・グレート」をイメージされるといいでしょう。理屈であれこれ考えないで、「宇宙には不可思議霊妙なる働きがあって、危機の際には必ず自分を守ってくれる」と、そう強く念じることが大切です。夢や目標の実現を願っている人も同じように「自分の夢は必ず叶う」と、強く念じてください。そして夢に向かってアクションを起こすことです。そうすることで、いずれ「幸運のギフト」が届くはずです。

私は一応クリスチャンですが、不敬虔であまり教会には通っていません。しかし多くの人が、毎週日曜日になると礼拝に訪れます。彼、彼女らは、おそらく教会（キリスト）を安全基地にしているのだと思います。礼拝に来ると心がとても落ち着き、来ないとなんとなく不安になるというのが、その何よりの証拠です。ですので、敬虔なクリスチャン以外は、別に牧師の説教を聞きたくて来ているわけではないのです。そこが安全基地で、来ると心が安らぐからです。

ちなみに祈り、念じる場所ですが、集中できれば布団の中でも、仕事の休憩中でも、お風呂の中でもどこでも構いません。

「信念の力」のトピックで述べたカナダ山中に墜落した2人も、そうした強い祈りで危機を脱出しました。彼らの場合は特別なのかもしれませんが、それでも信念が強い人は危機に際して、必ずどこからか助け船が現れるものなのです。**祈りが、信念が、宇宙の核心（サムシング・グレート）にアタッチメントするからです。**

思想家の中村天風先生も「私は危機に瀕した際には宇宙霊によって何度も救われている」と述べていますが、先生は以前から宇宙霊＝不可思議な宇宙の働きに気づいていたようです。

不安や恐怖に苛《さいな》まれている人、あるいは人生の苦悩に打ちひしがれている人は、一日も早く安全基地を持つべきです。そして繰り返しますが、「○○は絶対だ！　危機の際には必ず救ってくれる」と強く念じることが大切です。母親がそばにいれば、幼児が安心して遊べるように、こうして安全基地を持つことによって、**大安心の境地で人生の大海を渡っていくことができる**のです。

人間は不安や恐怖におののく生き物ですから、**いつも安心していられるというのは、とても大きな福音**だと思います。

「でも、自分はもう年だから遅いよ……」

そう思う人がいるかもしれませんが、そんなことはありません。西洋の哲学者が言ったように、何をやるにしても「今日より早い日はない」のです。
今からでも充分間に合いますので、ぜひ頑張ってみてください。
そして親切心や利他心を実践して、「幸運のギフト」をゲットしてください。
みなさまの幸運を祈ります。

本書は、本文庫のために書き下ろされたものです。

伊達一啓（だて・いっけい）

1949年愛知県生まれ。作家・心理カウンセラー。社会・人間研究家。

武蔵野大学（心理学専攻）卒。同大学院修士課程で仏教学を専攻。東京バプテスト神学校（本科）卒業。公益社団法人日本心理学会認定心理士。心理学検定1級。NHKカルチャースクールで心理学（仏教学を含む）講座講師を3年間務める。厚労省認定のFP技能士（AFP）。

心理学、ニューソート哲学、仏教哲学を基調とした多数の著書を著し、啓発活動に精力を傾注している。

主な著書に『心を透視する技術』（三笠書房《知的生きかた文庫》）、『お人好しの罠』（PHP研究所）、『ブッダが教えてくれる「幸せ」の法則』（ロングセラーズ）、など多数。東京スポーツ新聞社（東スポ）でコラムを1年間担当。

知的生きかた文庫

与《あた》える人《ひと》には、幸運《こううん》のギフトがやって来《く》る

著　者　伊達《だて》一啓《いっけい》

発行者　押鐘太陽

発行所　株式会社三笠書房

〒一〇二－〇〇七二　東京都千代田区飯田橋三－三－一

電話〇三－五二二六－五七三四〈営業部〉

〇三－五二二六－五七三一〈編集部〉

https://www.mikasashobo.co.jp

印刷　誠宏印刷

製本　若林製本工場

ISBN978-4-8379-8879-3 C0130

知的生きかた文庫

気にしない練習

名取芳彦

「気にしない人」になるには、ちょっとした練習が必要。仏教的な視点から、うつうつ、イライラ、クヨクヨを〝放念する〟心のトレーニング法を紹介します。

スマイルズの世界的名著 自助論

S.スマイルズ 著
竹内 均 訳

「天は自ら助くる者を助く」――。刊行以来今日に至るまで、世界数十カ国の人々の向上意欲をかきたて、希望の光明を与え続けてきた名著中の名著！

超訳 孫子の兵法 「最後に勝つ人」の絶対ルール

田口佳史

ライバルとの競争、取引先との交渉、トラブルへの対処……孫子を知れば、「駆け引き」と「段取り」に圧倒的に強くなる！　ビジネスマン必読の書！

超訳 般若心経 〝すべて〟の悩みが小さく見えてくる

境野勝悟

般若心経には、〝あらゆる悩み〟を解消する知恵がつまっている。小さなことにとらわれず、毎日楽しく幸せに生きるためのヒントをわかりやすく〝超訳〟で解説。

中村天風 怒らない 恐れない 悲しまない

池田 光

人生にマイナスの出来事が起きても、心が積極的であれば、解決したも同然。怒らない、恐れない、悲しまない――。これほど、「熱く、やさしく、面白い」成功法則はない！

C50275